EL-Hachemi Guerrout

Segmentation d'images médicales volumétriques

EL-Hachemi Guerrout

Segmentation d'images médicales volumétriques

Une approche distribuée

Éditions universitaires européennes

Mentions légales / Imprint (applicable pour l'Allemagne seulement / only for Germany)
Information bibliographique publiée par la Deutsche Nationalbibliothek: La Deutsche Nationalbibliothek inscrit cette publication à la Deutsche Nationalbibliografie; des données bibliographiques détaillées sont disponibles sur internet à l'adresse http://dnb.d-nb.de.

Toutes marques et noms de produits mentionnés dans ce livre demeurent sous la protection des marques, des marques déposées et des brevets, et sont des marques ou des marques déposées de leurs détenteurs respectifs. L'utilisation des marques, noms de produits, noms communs, noms commerciaux, descriptions de produits, etc, même sans qu'ils soient mentionnés de façon particulière dans ce livre ne signifie en aucune façon que ces noms peuvent être utilisés sans restriction à l'égard de la législation pour la protection des marques et des marques déposées et pourraient donc être utilisés par quiconque.

Photo de la couverture: www.ingimage.com

Editeur: Éditions universitaires européennes est une marque déposée de
Südwestdeutscher Verlag für Hochschulschriften GmbH & Co. KG
Dudweiler Landstr. 99, 66123 Sarrebruck, Allemagne
Téléphone +49 681 37 20 271-1, Fax +49 681 37 20 271-0
Email: info@editions-ue.com

Produit en Allemagne:
Schaltungsdienst Lange o.H.G., Berlin
Books on Demand GmbH, Norderstedt
Reha GmbH, Saarbrücken
Amazon Distribution GmbH, Leipzig
ISBN: 978-613-1-59164-8

Imprint (only for USA, GB)
Bibliographic information published by the Deutsche Nationalbibliothek: The Deutsche Nationalbibliothek lists this publication in the Deutsche Nationalbibliografie; detailed bibliographic data are available in the Internet at http://dnb.d-nb.de.

Any brand names and product names mentioned in this book are subject to trademark, brand or patent protection and are trademarks or registered trademarks of their respective holders. The use of brand names, product names, common names, trade names, product descriptions etc. even without a particular marking in this works is in no way to be construed to mean that such names may be regarded as unrestricted in respect of trademark and brand protection legislation and could thus be used by anyone.

Cover image: www.ingimage.com

Publisher: Éditions universitaires européennes is an imprint of the publishing house
Südwestdeutscher Verlag für Hochschulschriften GmbH & Co. KG
Dudweiler Landstr. 99, 66123 Saarbrücken, Germany
Phone +49 681 3720-310, Fax +49 681 3720-3109
Email: info@editions-ue.com

Printed in the U.S.A.
Printed in the U.K. by (see last page)
ISBN: 978-613-1-59164-8

Segmentation d'images médicales volumétriques

volumétriques

Une approche distribuée

EL-HACHEMI **GUERROUT**

Résumé

Dans le domaine de l'imagerie médicale, la segmentation des images volumétriques résultant de divers examens usuels est une tâche cruciale. Elle fournit au praticien une aide à la décision pour effectuer son diagnostic. La pertinence de cet outil repose sur deux facteurs majeurs : le temps de calcul et la qualité de segmentation.

L'objectif de notre travail consiste à montrer qu'il possible d'alléger la contrainte de temps grâce à la distribution des calculs de segmentation sur une architecture performante et peu onéreuse constituée d'un cluster d'ordinateurs personnels. La programmation parallèle a été effectuée par l'utilisation du standard MPI (Message Passing Interface). L'efficacité de la parallélisation est prouvée par de bons facteurs d'accélération ou speed-up car il ne suffit pas de paralléliser un programme pour proclamer avoir atteint le Graal. La qualité de la segmentation reste aussi un indicateur primordial. Pour cela nous avons utilisé un critère objectif permettant de mesurer la qualité de la segmentation sur des images traitées. Dans nos travaux, nous avons utilisé la modélisation robuste par champs aléatoires de Markov cachés pour segmenter les images. Cette modélisation aboutit à l'optimisation d'une fonction objective. Nous avons utilisé les techniques d'optimisation que sont le Recuit Simulé et la méthode ICM (Iterated Conditional Modes) pour pouvoir effectuer une évaluation globale de la segmentation. L'algorithme des K-Means (nuées dynamiques) a également été utilisé dans l'évaluation de la segmentation.

Abstract

In the field of medical imaging, segmentation of volumetric images resulting from various routine clinical exams is a crucial task. It provides the practitioner a decision support to make his diagnosis. The relevance of this tool is based on two major factors: the time of calculation and the quality of segmentation.

The aim of our work is to show that it can alleviate the time constraint by distributing the computation of segmentation on a powerful and inexpensive architecture that consists of a cluster of personal computers. Parallel programming was done by using the standard MPI (Message Passing Interface). The efficiency of parallelization is proved by good acceleration factors or speed-up because it is not enough to parallelize a program to announce reaching the Grail. The quality of segmentation is a major indicator. For this we used an objective criterion for measuring the quality of the segmentation of images processed. In our work, we used modeling by hidden Markov Random fields to segment images. This modeling leads to the optimization of an objective function. We used optimization techniques such as the Simulated Annealing and the method (ICM Iterated Conditional Modes) to make an overall assessment of the segmentation. The K-Means algorithm (dynamic clouds) has also been used in the evaluation of segmentation.

Table des matières

i

Liste des figures

Liste des tableaux

Introduction générale

Le domaine de l'imagerie couvre un large éventail d'applications. L'imagerie a connu un essor considérable vu les potentialités qu'elle offre. Dans le domaine médical, l'imagerie est devenue un élément clé dans le vécu quotidien des médecins (diagnostic, assistance aux interventions chirurgicales,...). Des quantités énormes d'images médicales sont produites chaque jour par diverses applications. Chaque examen par un scanner CT (Computed Tomography) peut produire une centaine d'images. On parle alors d'images médicales volumétriques ou images volumétriques. Traiter et exploiter ces images devient une tâche ardue. La segmentation automatique des images médicales résultantes de divers examens usuels est une tâche cruciale. Elle fournit au praticien une aide à la décision pour effectuer son diagnostic. La pertinence de cet outil repose sur deux facteurs majeurs : le temps de calcul et la qualité de segmentation.

L'objectif de notre travail consiste à montrer qu'il possible d'alléger la contrainte de temps grâce à la distribution du calcul de segmentation sur un réseau d'ordinateurs à large usage ce qui évite l'acquisition d'une machine parallèle onéreuse. Pour ce faire nous avons utilisé la librairie Open MPI (Message Passing Interface) qui est un protocole de communications indépendant des langages de programmation. Open MPI est une version gratuite du standard MPI. La qualité de la segmentation reste un indicateur primordial. Pour cela nous avons utilisé un critère objectif permettant de mesurer la qualité de la segmentation sur des images traitées où la vérité terrain (ground truth) est connue. Dans nos travaux, nous avons utilisé la modélisation robuste par champs aléatoires de Markov cachés (dits également HMRF pour Hidden Markov Random Fields) pour segmenter les images. Cette modélisation aboutit à l'optimisation d'une fonction objective. Nous avons utilisé les techniques d'optimisation que sont le Recuit Simulé et la méthode (ICM Iterated Conditional Modes) pour pouvoir effectuer une évaluation globale de la segmentation. L'algorithme des K-Means (nuées dynamiques) a également été utilisé dans l'évaluation de la segmentation.

Ce mémoire est organisé en quatre chapitres. Le chapitre un est consacré à la description de notions relatives aux architectures parallèles. Différentes classifications des architectures parallèles sont données. Des mesures de performances d'un système parallèle sont également explicitées. En effet, il ne suffit pas de paralléliser un programme pour proclamer avoir atteint le Graal. Dans le chapitre deux, nous donnons une présentation succincte de la bibliothèque MPI adoptée. Un historique et des définitions de base sont présentés. Les fonctions principales de MPI y sont décrites. Le chapitre trois est dédié au domaine de la segmentation d'images. La modélisation par champs aléatoires de Markov cachées y est développée. Les algorithmes d'optimisations permettant d'aboutir à la segmentation proprement dite sont également décrits. Le chapitre quatre est consacré à la présentation des différents résultats obtenus par notre application de segmentation parallèle d'images médicales volumétriques. L'accent est mis sur les performances de la parallélisation ainsi que la qualité des résultats obtenus. Une conclusion générale où sont données quelques perspectives au travail effectué termine ce mémoire.

CHAPITRE 1

LES ARCHITECTURES PARALLELES

Sommaire

1. Introduction

Dans le domaine de l'informatique parallèle, il existe plusieurs classifications des architectures parallèles. Pour notre part, nous allons décrire dans ce chapitre deux classifications qui sont complémentaires. La première, et la plus utilisée, est la classification de Flynn qui classifie les architectures selon le flux d'instructions et le flux de données. La seconde classification identifie les différentes architectures parallèles selon l'interconnexion de leurs composants. Nous présenterons par la suite les lois de mesure des performances d'un système parallèle.

2. Différentes architectures parallèles

2.1. Classification de Flynn (1972)

La classification de Flynn est probablement la plus ancienne et la plus commode classification des architectures parallèles. Cette classification est basée sur deux concepts fondamentaux que sont : le flux d'instructions et le flux de données (figure 1.1).

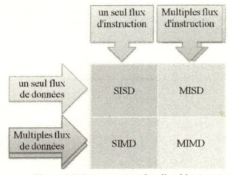

Figure 1.1. Les quatre modes d'architectures parallèles.

2.1.1. SISD (Single instruction stream, single data stream)

Cette première architecture n'est pas à proprement parler une architecture parallèle mais correspond en fait à un ordinateur classique séquentiel (un flux d'instructions et un flux de données) (cf. figure 1.2).

2

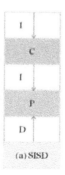

C	Unité de contrôle
P	Unité de traitement
I	Flux d'instructions
D	Flux de données

Figure 1.2. Architectures parallèle : SISD.

2.1.2. SIMD (Single instruction stream, multiple data stream)

Dans cette architecture, on exécute en parallèle une même instruction sur des données différentes. Le parallélisme est appliqué au niveau des données. Un sous-ensemble de cette classe est formé par les machines dites vectorielles. Les architectures SIMD existent de moins en moins dans le domaine pratique. (cf. figure 1.3)

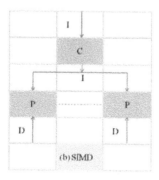

C	Unité de contrôle
P	Unité de traitement
I	Flux d'instructions
D	Flux de données

Figure 1.1. Architectures parallèle : SIMD.

2.1.3. MISD (Multiple instruction stream, Single data stream)

Dans cette classe les divers processeurs exécutent un code différent sur les mêmes données. On peut représenter cette architecture comme suit :

3

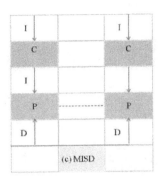

Figure 1.2. Architectures parallèle : MISD.

2.1.4. MIMD (Multiple instruction stream, Multiple data stream)

C'est l'architecture la plus importante en terme de parallélisme général qui traite à la fois plusieurs flots d'instructions sur plusieurs flots de données (figure1.5).

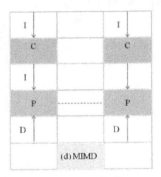

Figure 1.3. Architectures parallèle : MIMD.

La classification de Flynn ne prend pas en considération l'organisation de la mémoire sous-jacente aux architectures parallèles. Pour cela, la classe MIMD peut elle-même être subdivisée en plusieurs sous-classes :

➤ MIMD à mémoire partagée

Dans cette architecture, tous les processeurs (ou unités de traitement) partagent et communiquent via une seule mémoire globale (figure 1.6).

4

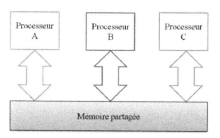

Figure 1.6. Architectures parallèle : MIMD à mémoire partagée.

➤ MIMD à mémoire distribuée

Dans cette architecture, tous les processeurs communiquent via un réseau, et chaque processeur à sa propre mémoire.

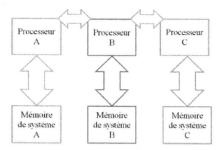

Figure 1.7. Architectures MIMD à mémoire distribuée.

Avantage & inconvénient de la classification de Flynn

Le principal avantage, à coté de la généralité de cette classification, est sa simplicité au niveau théorique. Cependant, il est difficile de faire la relation avec certaines architectures courantes.

2.2. Deuxième classification

La difficulté de transposer la classification de Flynn dans toutes les architectures physiques réelles justifie l'usage d'une autre taxonomie. Cette deuxième approche va donne une classification complémentaire à celle de Flynn et classifie les architectures selon les interconnexions des processeurs et des mémoires. Quatre classes le plus souvent identifiées sont : SMP, MPP, Cluster et Grille. Nous allons les présenter dans ce qui suit :

2.2.1. SMP (Symmetric Multiprocessors)

Une architecture SMP est une machine multiprocesseur à accès mémoire uniforme également appelées machines UMA (Uniform Memory Access), c'est à dire elle est composée d'un ensemble des processeurs identiques qui accèdent à toutes les zones de la mémoire avec la même vitesse. Cette machine possède en général un système d'exploitation unique qui gère toute l'architecture.

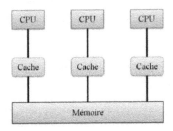

Figure 1.8. Architecture SMP (Symmetric Multiprocessors).

Avantages

➢ Contrairement à des ordinateurs parallèles traditionnels (comme les machines vectorielles), les machines SMP ne requièrent pas un système d'exploitation spécifique à l'architecture.

➢ L'architecture SMP a donc un faible coût par rapport aux ordinateurs parallèles traditionnels.

➢ L'architecture SMP est facilement extensible par l'ajout de processeurs et facile pour le programmeur.

➢ La coordination (communication, synchronisation, ...) se fait via la mémoire partagée.

Inconvénient

➢ Un grand désavantage d'une machine SMP est le goulot induit par la mémoire.

2.2.2. MPP (Massively Parallel Processors)

MPP est une architecture NUMA (Non Uniform Memory Acces), ce qui signifie que l'ensemble des processeurs n'accèdent pas à toutes les zones de la mémoire avec la même vitesse. Contrairement aux machines SMP, les processeurs ne se partagent ni une mémoire

6

unique ni des entrées et sorties. Chaque processeur a son propre système d'exploitation, sa propre mémoire et possède une interconnexion rapide avec les autres processeurs. Les différents processeurs communiquent de façon explicitement coordonnée.

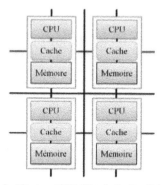

Figure 1.9. Architecture MPP (Massively Parallel Processors).

Avantages

➢ Un très bon ratio coût/performance grâce à l'utilisation de composants standards.

➢ Les machines MMP n'ont pas de limite sur le nombre de processeurs ce qui induit une extensibilité facile.

2.2.3. Cluster (Grappe de serveur)

Le clustering est une technique permettant de configurer plusieurs machines appartenant à un réseau général pour un fonctionnement en parallèle. Un cluster est constitué donc d'un ensemble de nœuds interconnectés par réseau local souvent rapide. Le cluster devient l'une des architectures parallèles les plus répandues aujourd'hui pour des raisons évidentes de coût. Un cluster de PC peut égaler un supercalculateur en terme de performance.

7

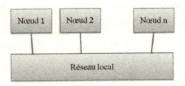

Figure 1.10. Architecture cluster (grappe).

Plusieurs classifications de clusters ont été proposées. Nous citons ci-après, à titre d'exemple, la classification qui distingue 3 types de cluster :

- Cluster à haute performance.
- Cluster à haute disponibilité.
- Cluster de répartition de charge

A) Cluster à haute performance

Cluster à haute performance appelé également cluster de calcul est un cluster dédié au calcul intensif. Le but est d'atteindre de hautes performances par la coopération des différents nœuds du cluster par le fractionnement efficace des traitements selon différentes stratégies.

B) Cluster à haute disponibilité

Le Cluster à haute disponibilité est un cluster où les indisponibilités sont évitées au maximum. Il existe plusieurs façons de mettre en œuvre un cluster à haute disponibilité, mais le principe de base est la duplication des données et services. Si un nœud est indisponible, un autre prend le relais.

C) Cluster de répartition de charge

Dans ce cluster les taches similaires sont réparties sur les différents nœuds, pour ne pas surcharger une machine particulière et donc fournir une grande charge de travail. L'équilibrage des charges (load balancing) est une partie intégrante de la gestion de type de cluster.

Le principe de mise en œuvre est d'avoir un serveur dédié appelé "l'équilibreur de charge" (load-balancer) placé entre les clients et les nœuds du cluster. Sa principale tâche est de

8

diriger les requêtes du client vers un nœud particulier, tous les nœuds proposant le même service. Un autre serveur appelé "directeur", et qui est complémentaire à l'équilibreur des charges, s'assure que les requêtes ne sont pas dirigées vers des nœuds défaillants.

2.2.4. Grille ou réseau de ressources informatiques hétérogènes (Grid)

La notion de Grid (grille ou réseau de ressources informatiques hétérogènes) est établie récemment dans le domaine informatique. Les applications spécifiques perfomantes pour le calcul parallèle sur les Grid sont encore à leurs débuts.

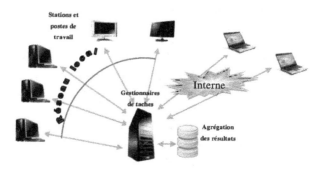

Figure 1.4. Architecture de grille (grid).

3. Mesures de performances d'un programme parallèle

Avoir une architecture parallèle pour accélérer les calculs est une bonne option mais pouvoir quantifier son apport en performances est primordiale. Il ne suffit de paralléliser un programme pour pouvoir proclamer atteindre le Graal. Dans cette partie nous allons voir des mesures de l'efficacité d'un programme parallèle par rapport à un programme séquentiel.

3.1. Speed-up (Accélération)

L'accélération ou communément usité sous le terme de speed-up permet de quantifier le gain en terme de temps d'exécution. Soit T(1) le temps nécessaire à un programme pour résoudre le problème A sur 1 machine séquentielle et soit T(p) le temps nécessaire à un programme pour résoudre le même problème A sur une architecture parallèle contenant p processeurs. Le speed-up est donné par le rapport suivant [Teller 04] :

$$S(P) = \frac{T(1)}{T(P)} \Rightarrow \begin{cases} S(P) < 1 : On\ ralentit\ !\ (mauvaise\ parallélisation) \\ 1 < S(P) < P : Normal \\ P < S(P) : Hyper - accélération\ (analyser\ et\ justifier) \end{cases}$$

Le speedup est donc le gain de temps d'exécution d'un programme parallèle par rapport au même programme séquentiel.

3.2. Loi Amdahl

La loi d'Amdahl, énoncée par Gene Myron Amdahl [Amdhal 67], est utilisée pour trouver l'amélioration maximum attendu d'un système informatique. Elle particulièrement utilisée en programmation parallèle pour calculer l'accélération théorique maximale en utilisant de multiple processeurs.

Dans sa version originale, la loi d'Amdahl s'exprime par une règle simple. Elle indique le gain de temps que peut apporter un système à processeurs multiples en fonction :

- du nombre de processeurs N
- de la proportion d'activité parallélisable s

Cette loi répond à la question de l'existence d'une limite pour l'amélioration des performances. Le rajout continuel de processeurs induit-t-il une augmentation de performances ou bien existe-t-il une limite au-delà de laquelle il serait inutile de rajouter des processeurs ?

Le temps d'exécution T1 d'un programme séquentiel peut être décomposé en deux parties :

- T_{seq} relatif à l'exécution de la partie intrinsèquement séquentielle, c'est-à-dire qu'on ne peut paralléliser cette tâche.
- T_{par} relatif à l'exécution de la partie parallélisable. Nous pouvons alors exécuter cette partie sur plusieurs processeurs en même temps.

Ainsi, T1 = T_{seq} + T_{par}

Seul T_{par} peut être diminué par la parallélisation. Dans le cas idéal, on obtiendra au mieux un temps T_{par}/p pour la partie parallélisée sur p processeurs.

Soit T2 le temps d'exécution idéal d'un programme sur p processeurs est :

T2 = (T_{seq} + T_{par}/p)

10

On a S(p) =T(1)/T(p) <= T1/T2 où S(p) est le speedup.

Donc : $S(p) \leq (T_{seq} + T_{par}) / (T_{seq} + T_{par}/p)$

Ce qui implique $S(p) \leq T1/Tseq$

En d'autres termes, si on suppose que : f_s la fraction séquentielle et f_p la fraction parallèle, nous pouvons écrire la formule suivante connu sous le nom de loi d'Amdahl [Teller 04]:

$$s(p) = \frac{1}{f_s + \frac{(1-f_s)}{p}} \leq \frac{1}{f_s}$$

4. Conclusion

D'après les classifications des architectures parallèles que nous avons vues, le cluster, qui appartient à des architectures à mémoire distribuée, est le plus adéquat à notre besoin parce qu'il est évolutif et flexible (nous pouvons ajouter et/ou enlever des ordinateurs), et il est surtout moins onéreux que les supercalculateurs. Pour atteindre les performances de ces derniers, il suffit d'assurer une bonne communication entre les machines en assurant un haut débit de connexion.

CHAPITRE 2

MESSAGE PASSING INTERFACE (MPI)

Sommaire

1. Introduction

Comme nous avons vu précédemment, il existe plusieurs architectures parallèles et pour chacune d'elles nous trouvons plusieurs librairies de calcul parallèle ([Bakery et al. 00]). A titre d'exemple, la librairie OpenMP[1] est utilisée pour gérer l'architecture SMP et les libraires PVM (parallel Virtual Machine) et MPI (Message Passing Interface) sont utilisées dans les clusters pour la programmation distribuée. Plusieurs études comparatives ont été menées et donnent l'avantage à MPI[2]. Nous nous sommes donc intéressés dans nos travaux au standard MPI pour toute la souplesse et la performance qu'elle apporte. MPI ([Barney 10]) permet d'atteindre de hautes performances sur les machines massivement parallèles et les clusters d'ordinateurs personnels. Des implémentations de MPI sont largement disponibles en version gratuite ou vendu par un fournisseur. Nous allons exposer ses principaux concepts sans être exhaustif dans la description.

2. Définition

MPI (Message Passing Interface) est une librairie de communication interprocessus. Elle permet la création d'architectures logiques de communication afin d'optimiser les applications parallèles (voir figure ci-dessous). Cette bibliothèque est très performante et il en existe de nombreuses implémentations. Chaque implémentation est optimisée pour une configuration spécifique (Cluster, Grille, …) et un certain type de matériel. Tout cela contribue à en faire l'une des bibliothèques de communication les plus utilisées en calcul parallèle ([Baddou et al. 09], [Pérache et al. 09]).

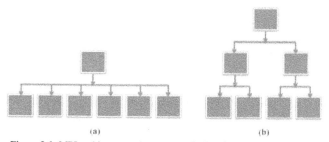

(a)　　　　　　　　　　　　　(b)

Figure 2.1. MPI architecture arborescente (a) & MPI architecture linéaire (b).

---

[1] http://openmp.org/wp/

[2] http://www.hpcf.upr.edu/~humberto/documents/mpi-vs-pvm/

13

MPI est un environnement de programmation par passage de message qui fournit une large variété de primitives qui peuvent être appelées à partir de programmes usuels en langages C, C++, Fortran…

3. Historique

Depuis sa conception en 1993-94, MPI a connu une évolution déclinée en plusieurs versions. Chacune d'elle a apporté des fonctionnalités supplémentaires puissantes par rapport aux précédentes. Nous citons ci-après ces différentes versions [Chergui et al. 09] :

➤ **Version** 1.0 : en juin 1994, le forum MPI (Message Passing Interface Forum), avec la participation d'une quarantaine d'organisations, aboutit à la définition d'un ensemble de sous-programmes concernant la bibliothèque d'échanges de messages MPI

➤ **Version 1.1** : apparue en juin 1995, cette version de MPI n'apportait que des changements mineurs par rapport à la version initiale

➤ **Version 1.2** : apparue en 1997, cette version apportait essentiellement des changements mineurs pour une meilleure cohérence des dénominations de certains sous-programmes

➤ **Version 1.3** : apparue en septembre 2008, cette version apporte des clarifications dans MPI 1.2, en fonction des clarifications elles-mêmes apportées par MPI-2.1 Différence entre MPI 1 et MPI 2

➤ **Version 2.0** : apparue en juillet 97, cette version apportait des compléments essentiels volontairement non intégrés dans MPI 1.0 (gestion dynamique de processus, copies mémoire à mémoire, entrées-sorties parallèles, etc.)

➤ **Version 2.1** : apparue en juin 2008, cette version n'apporte que des clarifications dans MPI 2.0 mais aucun changement

➤ **Version 2.2** : attendue en 2009, cette version ne comportera que les corrections jugées nécessaires au standard 2.1 et certaines « petites » additions

➤ **Version 3.0** : attendue en 2010, cette version devrait comprendre des apports importants, actuellement en cours de choix (communications collectives non bloquantes, nouvelle implémentation des copies mémoire à mémoire, tolérance aux pannes, etc.)

4. Fonctionnalités de MPI-1

La version MPI-1 dispose d'un ensemble de fonctionnalités, réparties en sous-groupes ([Chergui et al. 09], [Nilo 09]) :

➤ Environnement
➤ Communications point à point
➤ Communications collectives
➤ Types de données dérivés
➤ Topologies
➤ Communicateurs

5. Manques de MPI-1

Dans MPI-1, Il manque certaines fonctionnalités, notamment [Chergui et al. 09]:

➤ La gestion dynamique des processus
➤ Les entrées/sorties parallèles
➤ L'interfaçage avec fortran 95 et c++
➤ L'extension des communications collectives aux inter-communicateurs
➤ Les communications de mémoire à mémoire
➤ La possibilité de définir des interfaces externes, notamment pour gérer l'interaction avec des processus légers (threads), sur les machines qui en disposent
➤ La possibilité de gérer des applications temps réel multiprocesseurs

Remarque : MPI-2 offre les 6 premières fonctionnalités.

6. Des implémentations de MPI

6.1. Implémentations de MPI-1

La majorité des implémentations de MPI-1 sont disponibles gratuitement [Nilo 09] :

➤ LAM-MPI de l'université de Notre Dame, South Bend en Indiana (USA)
➤ MPICH d'Argonne National Laboratory, Illinois (USA)
➤ MPICH-PM/CLUMP du Parallel and Distributed System Software Laboratory, University of Colorado Denver (USA)
➤ MPICH-T3E de l'université de l'État du Mississipi (USA)
➤ MPICH-MADELEINE de l'École Normale Supérieure de Lyon (France)

15

➤ MPI/Pro de Software Technology, Inc

➤ MP-MPICH de l'université de LBFS

➤ CHIMP/MPI de Edinburgh Parallel Computing Centre (Scotland)

➤ CRI/EPCC MPI for Cray T3D de Cray Research Incorporated via Edinburgh Parallel Computing Centre

➤ MPIAP de Australian National University - CAP Research Program

➤ MPICH-NT d'Argonne National Laboratory

➤ MPI/Pro de Software Technology, Inc

➤ WMPI de Critical Software, Inc.

➤ NT-MPICH de l'université LBFS

➤ WINMPICH de l'université d'État du Mississipi (USA)

6.2. Implémentations de MPI-2

Aujourd'hui, et bien que cela ait souvent demandé de nombreuses années, la version disponible chez la plupart des constructeurs est complète. Dans le domaine public, deux versions sont disponibles [Chergui et al. 09] :

➤ MPICH2 : http://www.mcs.anl.gov/research/projects/mpich2/

➤ Open MPI : http://www.open-mpi.org/

7. Description MPI

Pour utiliser la bibliothèque MPI, le programme source doit contenir:

1. L'appel au module MPI : include mpif.h en fortran77, use MPI en fortran90, include mpi.h en C/C + +.

2. L'initialisation de l'environnement via l'appel à la fonction **MPI_INIT**(*code*). Cette fonction retourne une valeur **MPI_SUCCESS** dans la variable *code* si l'initialisation c'est bien passée.

3. La désactivation de l'environnement via l'appel à la fonction **MPI_FINALIZE**(*code*). L'oublie de cette fonction provoque une erreur.

Une fois l'environnement MPI initialisé, nous pouvons disposer de processus actifs et d'un espace de communication au sein du quel on va pouvoir effectuer des opérations MPI. Le

16

couple (processus actifs, espace de communication) est communément appelé communicateur. Le communicateur par défaut est **MPI_COMM_WORLD** et comprend tous les processus actifs.

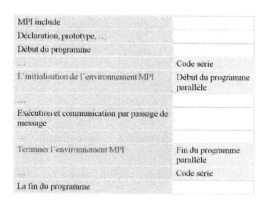

Figure 2.2. Structure générale du programme MPI.

Le tableau suivant les montre les six fonctions de base :

Fonction MPI	Descritpion
MPI_Init	Initialisation de MPI
MPI_Finalize	Finalisation de MPI
MPI_Comm_size	Obtenir le nombre de processus
MPI_Comm_rank	Obtenir identificateur du processus courant
MPI_Send	Envoyer un message
MPI_Recv	Recevoir un message

Tableau 2.1. Quelques fonctions de base [Nilo 09].

8. Communications

8.1. Communications point à point

La communication point à point est une communication entre deux processus distincts. Le processus qui envoie le message est désigné sous le nom d'émetteur), celui qui le reçoit est désigné par le récepteur. Le message doit obligatoirement contenir les informations essentiels pour assurer une bonne réception et interprétation par le récepteur,

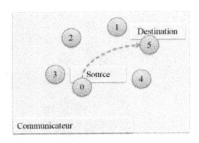

Figure 2.3. Communication point-à-point.

Divers modes de transfert sont possibles pour le passage des messages. Le Tableau 2.1 montre les fonctions MPI de communication selon le type communication :

Type de communication	Fonction MPI
Envoi standard	MPI_Send
Envoi synchrone	MPI_Ssend
Envoi avec buffer	MPI_Bsend
Envoi prêt	MPI_Rsend
Réception	MPI_Recv

Tableau 2.2. MPI : les types de communications [Nilo 09].

8.2. Communications collectives

Les communications collectives permettent de communiquer en un seul appel avec tous les processus d'un communicateur. Ce sont des fonctions bloquantes, c'est à dire que le système ne rend la main à un processus qu'une fois qu'il a terminé la tache collective. Pour ce type de communication, les étiquettes sont automatiquement gérées par le système.

Nous explicitons ci-après quelques fonctions de communication collective :

• Diffusion générale : MPI_BCAST()

Cette fonction permet à un processus de diffuser un message (BCAST pour broadcasting) un message à tous les processus du communicateur indiqué, y compris à lui-même (cf.

18

Figures 2.4). Dans l'exemple ci-dessous le processus P0 diffuse A (Données stockées dans sa mémoire) à tous les processus P0 à P2.

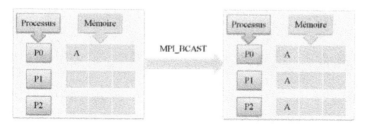

Figure 2.4. Fonction **MPI_BCAST**().

- Diffusion sélective de données réparties : MPI_SCATTER

Cette fonction permet à un processus de diffuser de manière sélective des données aux processus du communicateur désigné. Le processus émetteur dispose de données qu'il répartit. Chaque processus (émetteur même compris) reçoit un paquet de données différent (cf. Figures 2.5). Dans l'exemple ci-dessous le processus P1 diffuse les données A0 à A2 aux processus P0 à P2 de façon répartie.

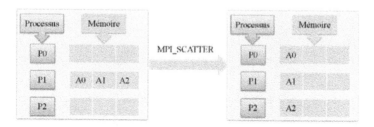

Figure 2.5. Fonction **MPI_SCATTER**().

- Collecte de données réparties : MPI_GATHER()

Cette fonction permet au processus récepteur de collecter les données provenant de tous les processus (lui-même compris). Le résultat n'est connu que par le processus récepteur (cf. Figure 2.6). Dans l'exemple ci-dessous le processus P0 collecte les données A1 à A2 provenant des processus P0 à P2.

19

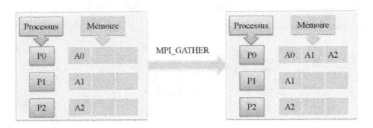

Figure 2.6. Fonction MPI_GATHER().

- Collecte générale : MPI_ALLGATHER()

Cette fonction effectue le même traitement que la fonction MPI_GATHER, excepté que le résultat de la collecte est connu de tous les processus du communicateur (Figure 2.7). Cette opération équivaut à un MPI_GATHER suivi d'un MPI_BCAST. Dans l'exemple ci-dessous le processus P0 collecte les données de A0 à A2 provenant des processus P0 à P2 et le diffuse à tous les processus.

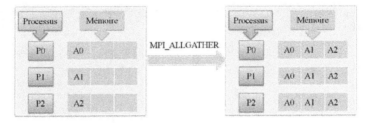

Figure 2.7. Fonction MPI_ALLGATHER().

- Synchronisation globale : MPI_BARRIER

Cette fonction bloque les processus à l'endroit où elle est appelée dans le programme. Les processus restent en attente au niveau de cette barrière (BARRIER) jusqu'à ce qu'ils y soient tous parvenus. Ensuite, ils sont libérés. MPI_BARRIER (comm, code).

9. Optimisation d'un programme parallèle

L'optimisation d'un code parallèle concerne la minimisation du temps de calcul et le temps de communication parce que lorsqu'on parallélise un code, un autre temps s'ajoute au temps de calcul, c'est le temps de communication entre les processus (temps total = temps calcul + temps communication). Celui-ci peut être mesuré via la fonction MPI_WTIME().

Il faut toujours comparer le temps de calcul et le temps de communication au temps total de simulation. Si le temps de communication est prépondérant devant le temps de calcul, alors on peut passer à la phase d'optimisation, pour réduire le temps de communication. Celui-ci contient un temps de préparation du message et un temps de transfert. Le temps de préparation contient un temps de latence pendant lequel les paramètres réseaux sont initialisés. Le reste du temps de préparation des messages appelé temps de surcoût est lié à l'implémentation MPI et au mode de transfert utilisé (cf. Figures 2.8). Il existe plusieurs possibilités pour optimiser le temps de communication parmi elles :

➢ Recouvrir les communications par des calculs.
➢ Limiter les modes de transfert qui utilisent la recopie du message dans un espace mémoire temporaire (buffering).
➢ Limiter les appels répétitifs aux fonctions de communication MPI.

Temps total de simulation			
Temps de calcul	Temps de communication		
	Temps de préparation		Temps de transfert
	Temps de latence	Temps de surcout	

Figure 2.8. Temps total de simulation d'un programme parallèle.

9.1. Modes d'envoi des messages avec MPI

Il y a quatre modes d'envoi des messages avec MPI :

A) Standard : MPI a deux options qui sont : recopier ou non le message à envoyer dans une zone mémoire tampon du processus émetteur. S'il y a recopie, l'action d'envoi se termine lorsque la recopie est terminée, l'envoi et la réception sont asynchrones. S'il n'y a pas recopie du message, l'envoi se termine dès que le processus destinataire a ben reçu le message. L'envoi et la réception sont alors synchrones (cf. figure 2.9 & figure 2.10). MPI bascule automatiquement du mode asynchrone au mode synchrone suivant la taille des messages à transférer. Il y a recopie dans une zone tampon pour les petits messages. Pour les messages de grande taille, il n'y a pas de recopie.

21

B) Synchroneous (synchrone) : L'envoi peut commencer avant même que l'opération de réception n'ait été initialisée. L'opération d'envoi se termine une fois que l'opération de réception a été commencée par le processus récepteur et le message bien reçu (cf. Figure 2.10).

C) Buffered : L'envoi du message se termine une fois que la recopie du message dans une zone tampon est terminée. Dans ce mode l'utilisateur doit effectuer lui-même la recopie.

D) Ready : L'envoi du message ne peut commencer que si la réception correspondante a déjà été commencée. Sinon une erreur est signalée.

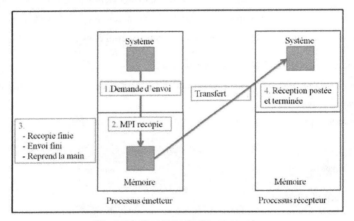

Figure 2.9. Envoi standard avec recopie.

9.2. Communications bloquantes et non-bloquantes

- Communications bloquantes

Lors de communications bloquantes, le processus effectuant une communication ne rend la main qu'une fois l'action terminée.

➢ Envoi bloquant MPI_SEND() : Le processus émetteur termine son action une fois que le message a été envoyé et reçu par le processus récepteur.

➢ Réception bloquante MPI_RECV() : Le processus récepteur ne rend la main que lorsqu'il a bien reçu les données.

- Communications non-bloquantes.

22

Les communications non-bloquantes permettent d'optimiser le temps de communication car les communications se chevauchent avec des calculs. Le processus qui effectue une opération de communication rend la main avant que l'opération ne se termine.

➢ Envoi non-bloquant MPI_ISEND() : le processus émetteur initialise l'opération d'envoi mais ne la réalise pas. L'appel à la fonction MPI sera terminé avant que le message ne soit parti. Ainsi, son transfert à partir de la mémoire du processeur émetteur peut être fait simultanément avec des calculs après l'initialisation et avant l'envoi effectif.

➢ Réception non-bloquante MPI_IRECV() : Le processus récepteur initialise la réception mais ne la réalise pas. L'appel à la fonction MPI sera terminé avant que le message ne soit reçu. Ainsi, la réception du message par le processus récepteur peut être faite simultanément avec des calculs après l'initialisation et avant la réception effective.

Pour s'assurer que l'opération de communication a bien été effectuée, l'utilisateur peut utiliser deux fonctions MPI :

– MPI_TEST(*requete*, *flag*, *statut*) : cette fonction permet de tester si l'opération de communication, identifié par le paramètre d'entrée *requete* (< in >), est terminée. MPI_TEST retourne 2 paramètres de sortie (< out >) *flag* et *statut*. Si l'opération de communication est terminée, alors *flag* = true ... Sinon *flag* = false.

– MPI_WAIT (*requete*, *statut*) : cette fonction oblige l'opération de communication identifiée par *requete* (< in >) d'attendre jusqu'à ce que l'opération s'achève.

10. Types de données dérivés

Pour des raisons de portabilité, MPI permet de prédéfinir les types de données élémentaires. Le tableau ci-dessous énumère celles requises par la norme :

Type MPI	Type en C
MPI_CHAR	char
MPI_SHORT	short
MPI_INT	int
MPI_LONG	long
MPI_UNSIGNED_CHAR	unsigned char
MPI_UNSIGNED_SHOR	unsigned short
MPI_UNSIGNED_LONG	unsigned long
MPI_FLOAT	float
MPI_DOUBLE	double
MPI_LONG_DOUBLE	long double
MPI_BYTE	byte

Tableau 2.3. Types de communication [Nilo 09].

23

Dans les communications MPI, les données transférées sont typées. MPI dispose de types prédéfinis comme MPI_INTEGER, MPI_REAL, ... des structures de données plus complexes peuvent être créées, elles sont homogènes si elles sont constituées de données de même type et sont hétérogènes si elles sont constitués de données de types différents. La création d'un type dérivé doit être suivi de sa validation via la fonction MPI_TYPE_COMMIT(). Pour réutiliser le même type dérivé, il faut d'abord le libérer avec la fonction MPI_TYPE_FREE().

11. Topologies

MPI permet la définition de topologies virtuelles (cartésien ou graphe). Ces topologies font correspondre le domaine de calcul à une grille de processus et permettent donc de répartir les processus de manière régulière sur le domaine de calcul. Ceci se révèle très utile pour les problèmes de type décomposition de domaine [Delage 08].

11.1. Topologies de type cartésien

Dans cette topologie :
- chaque processus est défini dans une grille de processus,
- la grille peut être périodique ou non,
- les processus de cette topologie sont identifiés par leurs coordonnées dans la grille.

Pour la création d'une topologie cartésienne contenant un ensemble de processus qui appartienne à un communicateur donné (comm_ancien), la fonction MPI_CART_CREATE est utilisée.

Quelques fonctions utiles sont données ci-après [Delage 08] :

➤ La fonction MPI_DIMS_CREATE détermine le nombre de processus suivant chaque dimension de la grille en fonction du nombre total de processus.

➤ La fonction MPI_CART_RANK donne le rang du processus associé aux coordonnées coords dans la grille.

➤ La fonction MPI_CART_COORDS est la fonction inverse de MPI_CART_RANK dans le sens où elle donne les coordonnées coords d'un processus de rang rang dans la grille.

➤ La fonction MPI_CART_SHIFT donne le rang des processus voisins dans la direction choisie.

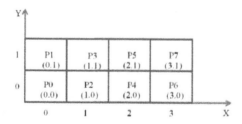

Figure 2.10. Répartition de 8 processus choisi par MPI sur la grille.

11.2. Topologies de type graphe

Lorsque la géométrie du domaine de calcul devient complexe, la topologie de graphe de processus est plus appropriée. Nous pouvons répartir les processus sur des sous domaines de géométries complexes. Chaque processus peut avoir un nombre quelconque de voisins [Delage 08].

La fonction MPI_GRAPH_CREATE permet de créer ce type de topologie (cf. Figure 2.12).

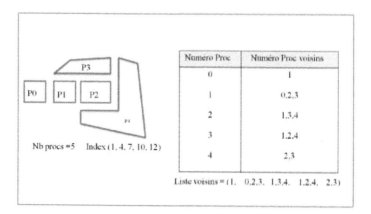

Figure 2.11. Exemple de topologie de type graphe.

Voici quelques fonctions utiles dans ce type d'ontologie :

➢ La fonction MPI_GRAPH_NEIGHBORS_COUNT détermine le nombre de processus voisins pour un processus donné.

25

➢ La fonction MPI_GRAPH_NEIGHBORS donne la liste des processus voisins pour un processus donné.

12. Communicateurs

Un communicateur est constitué d'un ensemble de processus et d'un contexte de communication. Ce contexte, mis en place lors de la construction du communicateur, permet de délimiter l'espace de communication et est géré par MPI. Par défaut, c'est le communicateur MPI_COMM_WORLD qui est créé lors de l'initialisation de l'environnement MPI. Celui-ci contient tous les processus actifs et c'est au sein de cet ensemble qu'on effectue des opérations de communication. Cet ensemble de processus peut être partitionné en plusieurs sous-ensembles de processus au sein desquels on pourra effectuer des opérations MPI. Ainsi, chaque sous-ensemble dispose de son propre espace de communication qui correspond en fait à un communicateur. Les communicateurs peuvent-être gérés de manière dynamique :

➢ Ils sont créés en utilisant les fonctions : MPI_CART_CREATE(), MPI_CART_SUB(), MPI_COMM_CREATE(), MPI_COMM_DUP() ou MPI_COMM_SPLIT().
➢ Ils sont détruits via la fonction MPI_COMM_FREE().

Une question légitime qu'on peut se poser est la suivante : quelle est l'utilité de créer un communicateur contenant un sous-ensemble de processus. Supposons qu'on dispose d'un ensemble de processus dans le communicateur MPI_COMM_WORLD. On souhaite effectuer des communications seulement entre les processus de rang pair. Une possibilité est de faire des tests (boucle if) sur le rang de chaque processus, mais cela devient vite coûteux..... Une autre possibilité consiste à regrouper les processus de rang pair dans un nouveau communicateur, ce qui supprime les tests (pourvu qu'on précise que les communications se font dans le nouveau communicateur).

La fonction MPI_COMM_SPLIT partitionne un communicateur donné en autant de communicateurs voulus. Un processus à qui on attribue une couleur MPI_UNDEFINED n'appartient qu'à son communicateur initial.

Exemple : construction d'un communicateur qui partage l'espace de communication initial entre processus de rangs pairs et impairs via le constructeur MPI_COMM_SPLIT() :

Processus	P0	P1	P2	P3	P4	P5
Rang-Global	0	1	2	3	4	5
Couleur	10	20	10	20	10	20
Clef	6	1	0	2	5	0
Rang-Local	2	1	0	2	1	0

Tableau 2.4. Construction du communicateur Comm_pair_impair avec MPI_COMM_SPLIT.

12.1. Subdivision de topologie

L'idée consiste à dégénérer une topologie cartésienne de processus de dimension d'espace dim en une topologie cartésienne de dimension (dim-1). Pour dégénérer une topologie cartésienne de dimension dim, il suffit de créer des communicateurs de dimension (dim-1). Pour une topologie cartésienne de dimension dim = 2, la dégénérescence se traduit par la création d'autant de communicateurs qu'il y a de lignes, par exemple (cf. Figure 2. 13). Les transferts d'information se font alors au sein de chaque nouveau communicateur. L'intérêt réside dans le fait qu'on peut effectuer des communications collectives restreintes à un sous ensemble de processus appartenant à la topologie dégénérée. On peut dégénérer une topologie cartésienne soit à partir de la fonction MPI_COMM_SPLIT() (détaillée précédemment) soit à partir de la fonction MPI_CART_S

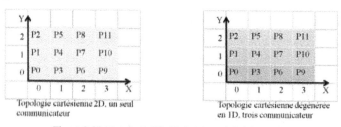

Topologie cartésienne 2D, un seul communicateur

Topologie cartésienne dégénérée en 1D, trois communicateur

Figure 2.12. Topologie 2D dégénérée (subdivision en ligne).

12.2. Intra et inter-communicateur

Les intra-communicateurs sont des communicateurs qui effectuant des opérations de communication entre processus d'un même communicateur. Mais les communications entre communicateurs sont impossibles. Jusqu'à présent, c'est ce type de communicateur qu'on a construit. Un inter-communicateur est un communicateur qui permet d'établir des communications entre intra-communicateurs. Attention, dans le MPI–1 seules les communications point à point sont permises. Pour créer un inter-communicateur, on utilise la fonction MPI_INTERCOMM_CREATE().

La bibliothèque MPI permet de faire du calcul parallèle en se basant sur le principe d'échanges de messages (communications) entre processus, chacun ayant sa propre mémoire. Ces opérations de communications peuvent être collectives ou point à point. Dans un code de calcul parallèle, si le temps de communication devient prépondérant devant celui de calcul, on peut optimiser le temps de communication grâce aux différent modes de transfert de messages proposés par MPI ainsi qu'en recouvrant les communications par des Calculs.

MPI permet aussi de créer des topologies cartésiennes ou de type graphes (pour des géométries de domaines plus complexes), ce qui est très pratique lorsqu'on travaille sur des domaines de calcul ou qu'on souhaite faire de la décomposition de domaine.

MPI permet aussi de partitionner un ensemble de processus en plusieurs sous-ensembles de processus au sein desquels on pourra effectuer des opérations de communication. Ainsi, chaque sous-ensemble dispose de son propre espace de communication ou communicateur.

Dans une nouvelle version de la bibliothèque MPI (MPI − 2), on note deux évolutions principales : la gestion dynamique des processus et les Entrées−Sorties parallèles.

13. Conclusion

Nous avons présenté dans ce chapitre une description globale de la librairie MPI de communication interprocessus et toute la souplesse qu'elle apporte dans la programmation parallèle. Nous avons également donné l'historique de l'évolution des versions MPI et souligné les imperfections de MPI 1. Nous avons décrit les fonctionnalités montrant la puissance de MPI 2. Cette dernière version, souffre toutefois de quelques insuffisances. Mais ces insuffisances n'influent pas sur les objectifs que nous nous sommes assignés.

CHAPITRE 3

ALGORITHMES DE SEGMENTATION DES

IMAGES

Sommaire

1. Introduction

La segmentation est une des étapes critiques de l'analyse d'images qui conditionne la qualité des traitements d'images effectués ultérieurement. Elle permet d'isoler dans l'image les objets sur lesquels doit porter l'analyse.

Actuellement, il n'y a pas d'algorithme de segmentation "universel" efficace sur tout type d'images, les chercheurs ont développé une multitude de méthodes de segmentation, selon le domaine d'application. Ainsi, dans le domaine des images médicales, il existe plusieurs méthodes. Dans ce chapitre, nous allons présenter un survol de quelques méthodes de segmentation. Nous aborderons en premier un algorithme connu appelée l'algorithme des nuées dynamiques ou *k-means* (nous utiliserons le terme k-means tout au long de ce manuscrit) et nous exposerons ensuite la classification de l'image en régions en se basant sur *les champs aléatoires de Markov cachés (HMRF pour Hidden Markov Random Fields)* et les méthodes d'optimisation que sont *le recuit simulé (simulated annealing)* et *ICM (Iterated Conditional Modes)*..

2. Définition de la segmentation

Classiquement, nous pouvons définir la segmentation comme étant une partition de l'image I en un nombre K de sous ensembles R_i, appelés régions, homogènes dans selon un ou plusieurs critères (niveau de gris, propriétés de textures, ...) tels que :

- La segmentation doit être complète. (C'est à dire, chaque pixel doit être affecté à une classe).
- Les régions doivent être disjointes.

Ces conditions peuvent être exprimées mathématiquement comme suit :

$$\bigcup_{i=1}^{k} R_i = I$$
$$R_i \neq \phi \quad \forall i = 1 \dots K$$
$$R_i \cap R_j = \phi \quad \forall i,j \quad i \neq j$$

Dans le contexte médical, les régions R_i correspondent aux différentes structures anatomiques constituant les différentes régions d'intérêt. La détermination automatique du nombre de régions K est une vraie problématique [Lakare 00]. Souvent, la valeur K est supposée être connue comme étant une information à priori sur les structures anatomiques en investigation.

3. k-means (ou k-moyennes)

3.1. Principe

Dans le contexte de segmentation des images, l'algorithme k-means (k-moyennes ou nuées dynamiques) vise à regrouper les pixels en k régions distinctes ; k étant fixé par l'utilisateur. Il se base sur les intensités des couleurs (un pixel est décrit par un vecteur dans R^3). On affecte aléatoirement chaque pixel à une région et on itère comme suit : les centres des différents groupes sont recalculés et chaque pixel est de nouveau affecté à un groupe en fonction du centre le plus proche. La convergence est atteinte lorsque les centres sont fixes.

En termes de minimisation, les pixels $(x_1, x_2, \ldots, x_n,)$, $x_i \in R^3$ sont répartis en k groupes à chaque itération. Notons $(y_1, y_2, \ldots, y_k,)$ l'ensemble des centres des groupes. Leurs coordonnées sont recalculées par moyennage de celles des points du groupe. Un pixel x_i se voit affecter le groupe j si $\|x_i - y_j\| = min_u \|x_i - y_u\|$

Cela peut se formaliser de la manière suivante telle que chacun des points est attribué à un groupe grâce à la fonction :

$$f : \{x_1, \ldots, x_n\} \to \{1, \ldots, k\}$$
$$x_i \to f(x_i)$$

On obtient des groupes compacts en minimisant l'expression suivante :

$$J = \sum_{i=1}^{n} \|x_i - C_{f(x_i)}\| \quad avec \; (C_1, \ldots, C_n) \in (R^M)^N$$

On peut montrer que pour f fixée, J est minimum lorsque les $C_1, \ldots, C_n$ correspondent respectivement aux barycentres des groupes $f^{-1}(1) \ldots f^{-1}(k)$.

L'algorithme de k-means a pour but de minimiser l'expression J de manière itérative.

Algorithme k-means pour la segmentation :

1 - Affecter aléatoirement chaque point à un des k groupes

2- Recalculer les barycentres de chacun des k groupes :

31

$$C_i = card(f^{-1}(i))^{-1} \times \sum_{x \in f^{-1}(i)} x$$

3- Réaffecter chaque point au groupe dont le centre est le plus proche :

$$f(x_i) = argmin_{l \in 1 \ldots k}(x_i - C_l)$$

4- Répéter 2 et 3 Jusqu'à ce que la convergence soit atteinte (barycentres fixes).

On peut prouver qu'il y a toujours convergence de l'algorithme. Cependant il n'y a pas de garantie de trouver effectivement le minimum global de l'expression J que l'on cherche à minimiser.

3.2. Application des k-means à la segmentation

L'algorithme des K-means peut être utilisé pour effectuer une segmentation d'une image qui présente des zones de couleur relativement uniforme. On représente l'ensemble des pixels de l'image dans un espace à trois dimensions en se basant sur leurs composantes Rouge / Vert / bleu. On obtient ainsi un nuage de points sur lequel on applique l'algorithme des k-means. La figure suivante illustre l'utilisation des k-means, à droite l'image réelle et à gauche l'image segmentée.

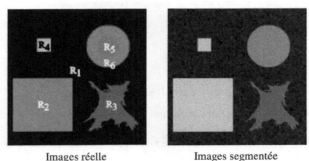

| Images réelle | Images segmentée |

Figure 3.1. Segmentation d'une image par la méthode k-means [Fontaine 01].

4. Modèle de Champs de Markov

Dans cette section, nous allons rappeler quelques notions importantes relatives au modèle des Champs Aléatoires de Markov Cachées (ou brièvement HMRF pour Hidden Markov Random

Fields) et certains termes utilisés dans le contexte de l'analyse d'images. Une image I est représentée par un ensemble S de sites correspondant aux pixels. A chaque site s est associé un descripteur x_s prenant ses valeurs dans E, ce descripteur traduit le potentiel ou l'intensité du pixel (par exemple le niveau de gris) ([Kato 94], [Peyrard 01], [Pony et al. 06], [Huang et al. 08], [Tupin et al. 08]).

4.1. Système de voisinage (Neighborhood system)

Dans un HMRF, une image est formée d'un ensemble fini S de sites correspondant aux pixels, les sites en S sont reliés par un système de voisinage $V(S)$ ayant les propriétés suivantes [Ait-Aoudia et al. 09]:

$$\forall s \in S, s \notin V_s(S)$$
$$\forall \{s, t\} \in S, s \in V_t(S) \Leftrightarrow t \in V_s(S)$$

La relation V(S) exprime une contrainte de voisinage entre les sites adjacents. Un système de voisinage d'ordre r, noté $V_s^r(S)$, est donné par la formule suivante [Ait-Aoudia et al. 09]:

$$V_s^r(S) = \{t \in S \mid distance(s,t)^2 \leq r^2, s \neq t\}$$

Le premier et le second ordre sont couramment les plus utilisés.

Dans les images à deux dimensions, le pixel peut avoir soit 4 voisins, on parle alors de système 4-voisinage, ou bien il peut avoir 8 voisins, dans ce cas on parle de système 8-voisinage.

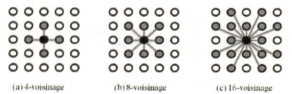

(a) 4-voisinage   (b) 8-voisinage   (c) 16-voisinage

Figure 3.2. Relations de voisinage : 4, 8 et 16 voisins dans une grille régulière à deux dimensions.

Une image volumétrique n'est rien d'autre qu'une succession de coupes d'images 2D. Si on applique le système de voisinage 2D sur chacune des coupes, les relations qui existent entre elles sont alors négligées. Pour pallier à ce problème, il existe des systèmes de voisinage volumétrique à savoir : le 6-voisinage, le 18-voisinage et le 26-voisinage qui sont représentés dans la figure suivante.

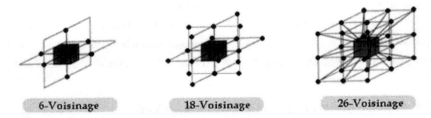

Figure 3.2. Relations de voisinage : 6, 18 et 26 voisins dans une grille régulière à trois. dimensions.

4.2. Notion de clique

A partir d'un système de voisinage, un système de cliques peut être déduit : une clique est soit un singleton de S , soit un sous ensemble de sites voisins les uns les autres. On notera C l'ensemble de cliques, une clique d'ordre k est notée C_k. La figure suivante illustre les cliques associées aux systèmes de voisinage 2D.

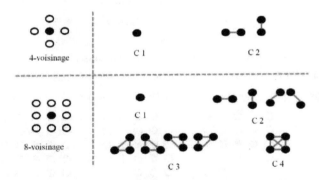

Figure 3.4. Les cliques associées aux systèmes de voisinage 2D.

A chaque clique $c \in C$ est associé un potentiel U_c , sa valeur dépend des descripteurs des pixels constituant la clique. L'énergie globale de l'image est alors définie comme la somme des potentiels de toutes les cliques [Ait-Aoudia et al. 09] :

$$U = \sum_{c \in C} U_c \text{ (3.1)}$$

L'énergie locale en un site s est définie comme la somme des potentiels de toutes les cliques auxquelles il appartient [Ait-Aoudia et al. 09]:

34

$$U_s = \sum_{c \in C / s \in c} U_c \ (3.2)$$

4.3. Champs de Markov et champs de Gibbs

A chaque pixel $s \in S$ est associée une variable aléatoire X_s prenant ses valeurs dans l'espace de valeurs E, le descripteur x_s en s est alors une réalisation de X_s. On définit le champ aléatoire $X = (X_1, \dots, X_{card(S)})$ prenant ses valeurs dans $\Omega = E^{card(S)}$. L'image I est donc tout simplement une réalisation $x = (x_1, \dots, x_{card(S)})$ du champ aléatoire X. La probabilité $P[X = x]$ traduit la vraisemblance de l'image et la probabilité conditionnelle $P[X_s = x_s / X_t = x_t, t \neq s]$ permet de mesurer le lien statistique entre le pixel s et le reste de l'image ([Pony et al. 06]).

4.3.1. Champs de Markov

La définition d'un champ de Markov est la suivante :

$$\forall x \in \Omega, \qquad P[X = x] > 0$$

$$\forall s \in S, \forall x \in \Omega, \qquad P[X_s = x_s / X_t = x_t, t \neq s] = P[X_s = x_s / X_t = x_t, \qquad t \in V_s(S)]$$

Cela veut dire que la probabilité d'observer un descripteur x_s en s ne dépend pas de toute l'image mais uniquement des descripteurs des sites voisins de s ([Ait-Aoudia et al. 09]).

4.3.2. Champ de Gibbs

Avant de définir le champ de Gibbs, nous devons introduire la notion de mesure de Gibbs. La mesure de Gibbs de fonction d'énergie U : $\Omega \rightarrow \mathbb{R}$, est la probabilité P définie sur Ω par ([Ait-Aoudia et al.]) :

$$P[X = x] = Z^{-1} e^{-\frac{U(x)}{T}} \qquad (3.3)$$

$$avec: \ U(x) = \sum_{c \in C} U_c(x) \qquad (3.4)$$

C est le système de cliques associé au système de voisinage $V(S)$, T est un paramètre de contrôle appelé température et Z est une constante de normalisation appelée fonction de partition de Gibbs, elle est définie de la manière suivante ([Ait-Aoudia et al. 09]):

$$Z = \sum_{y \in \Omega} e^{-\frac{U(y)}{T}} \ (3.5)$$

Le calcul de Z est impossible à cause du très grand nombre de configurations, à titre d'exemple : pour une image 512×512 à deux niveaux de gris, $card(\Omega) = 2^{262144}$!

La définition du champ de Gibbs est la suivante :

« *Le champ de Gibbs de potentiel associé au système de voisinage $V(S)$ est le processus aléatoire X dont la probabilité est une mesure de Gibbs associée à $V(S)$* » *[Pony et al. 06]*

4.3.3. Équivalence champ de Markov-champ de Gibbs

Sous les hypothèses suivantes :

- S fini ou dénombrable
- Le système de voisinage $V(S)$ est borné
- L'espace des descripteurs E est discret

Le théorème d'Hammersley-Clifford établit le résultat suivant : « *X est un champ de Markov relativement à $V(S)$ si seulement si X est un champ de Gibbs de potentiel associé à $V(S)$* » ([Pony et al. 06]).

À partir de ce théorème là, nous pouvons donner l'expression de la probabilité de vraisemblance de l'image :

$$P[X = x] = \frac{e^{-\frac{U(x)}{T}}}{\sum_{y \in \Omega} e^{-\frac{U(y)}{T}}} \qquad (3.6)$$

$$avec: U(x) = \sum_{c \in C} U_c(x) \qquad (3.7)$$

Et aussi l'expression de la probabilité conditionnelle locale (La démonstration est donnée dans [Ait-Aoudia et al. 09] :

$$P[X_s = x_s / X_t = x_t , t \in V_s(S)] = \frac{e^{-\frac{U_s(X_s=x_s/X_t=x_t ,t \in V_s(S))}{T}}}{\sum_{e \in E} e^{-\frac{U_s(X_s=e/X_t=x_t ,t \in V_s(S))}{T}}} \qquad (3.8)$$

$$avec: U_s(x) = \sum_{c \in C/s \in c} U_c(x) \qquad (3.9)$$

36

4.4. Champs de Markov standards

Nous allons présenter dans cette partie les modèles de champs de Markov les plus utilisés. Ils seront définis essentiellement par leur fonction de potentiel.

4.4.1. Le modèle d'Ising

Ce modèle est le plus ancien. Il a été proposé par Ernst Ising en 1925 lors de l'étude du ferromagnétisme en physique statique, l'espace des descripteurs E = {-1,1} (espace binaire) et le système de voisinage peut être le 4-voisinage ou le 8-voisinage.

Le potentiel des cliques c_1 de cardinal 1 est donné par :

$$U_{c_1=\{s\}}(x_s) = -B x_s \qquad (3.10)$$

Tandis que le potentiel des cliques c_2 de cardinal 2 est défini par :

$$U_{c_2=\{s,t\}}(x_s, x_t) = \begin{cases} -\beta \ si \ x_s = x_t \\ +\beta \ si \ x_s \neq x_t \end{cases} \qquad (3.11)$$

Ce qui peut s'écrire aussi de la façon suivante : $U_{c_2=\{s,t\}}(x_s, x_t) = -\beta x_s x_t$ (3.12)

L'énergie globale est donc :

$$U(x) = -\sum_{c_2=\{s,t\}} \beta x_s x_t - \sum_{c_1=\{s\}} B x_s \qquad (3.13)$$

β est la constante de couplage entre sites voisins et B représente un champ magnétique externe [Pony et al. 06].

4.4.2. Le modèle de Potts

Le modèle de Potts est une généralisation du modèle d'Ising pour un espace de descripteurs E = {1,…, K}, qui peut être dans le domaine de la segmentation d'images soit l'espace des niveaux de gris ou alors l'espace des étiquettes. Le système de voisinage est le 4-voisinage ou le 8-voisinage. Ce modèle est défini seulement pour les cliques de cardinale 2, leur potentiel est donné par :

$$U_{c_2=\{s,t\}}(x_s, x_t) = \beta \times \left(1 - 2\delta(x_s, x_t)\right) \qquad (3.15)$$

Avec : δ est le symbole de Kronecker

L'énergie globale est donnée par :

$$U(x) = \beta \sum_{c_2=\{s,t\}} (1 - 2\delta(x_s, x_t)) \qquad (3.16)$$

Lorsque $\beta > 0$, les configurations les plus probables correspondent à des sites voisins ayant des descripteurs égaux, ce qui se traduit en segmentation par de larges régions homogènes, la taille de ces régions est contrôlée par la valeur de β [Pony et al. 06].

5. Le modèle de champ de Markov caché

5.1. Champ de Markov caché

Dans ce modèle, l'image à segmenter est vue comme une réalisation d'un champ de Markov $Y = (Y_1, Y_2, \dots, Y_{card(S)})$ défini sur l'ensemble de pixels S. Chaque variable aléatoire Y_s prend ses valeurs dans $E_{obs} = \{0, \dots, 255\}$ qui représente le niveau de gris du pixel s. L'ensemble des configurations est alors $\Omega_{obs} = E_{obs}^{card(S)}$.

L'image segmentée est vue comme une réalisation d'un champ de Markov $X = (X_1, X_2, \dots, X_{card(S)})$ défini lui aussi sur l'ensemble de pixels S. Chaque variable aléatoire X_s prend ses valeurs dans $E = \{1, \dots, K\}$, où K est le nombre de classes. L'ensemble des configurations est donc $\Omega = E^{card(S)}$; Le champ aléatoire X est appelé champ de Markov caché.

A chaque pixel s sont associées deux informations, une information observable représentée par la variable aléatoire Y_s et une information cachée représentée par la variable aléatoire X_s ([Zhang 03]).

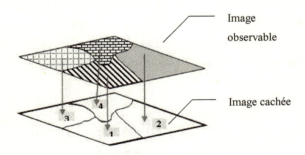

Image
observable

Image cachée

Figure 3.3. HMRF : Image observée et image cachée. [Ait-Aoudia & al. 09].

Le principe de la segmentation par Champs Aléatoires de Markov Cachés est de trouver une réalisation x de X à partir d'une réalisation y de Y.

5.2. Estimateur MAP

Le calcul de la segmentation exacte x^* étant impossible, nous allons chercher une approximation $\hat{x}$ de x^* en utilisant l'estimateur MAP (Maximum A Posteriori), et cela en maximisant la probabilité $P[X = x/Y = y]$ ([Zhang 03]) :

$$\hat{x} = \arg \max_{x \in \Omega}\{P[X = x/Y = y]\} \quad (3.17)$$

En appliquant la règle de Bayes on obtient:

$$P[X = x/Y = y] = \frac{P[Y = y/X = x] \times P[X = x]}{P[Y = y]} \quad (3.18)$$

• $P[Y = y/X = x]$ est la probabilité d'observer une image y sachant sa segmentation x. L'hypothèse de l'indépendance conditionnelle est la suivante :

$\forall\, x \in \Omega$, les variables aléatoires Y_i sont conditionnellement indépendantes, ce qui nous donne ([Zhang 03]):

$$P[Y = y/X = x] = \prod_{s \in S} P[Y_s = y_s/X_s = x_s] \quad (3.19)$$

On suppose que l'intensité y_s du pixel s sachant sa classification $x_s = k$, suit une loi normale de moyenne μ_k et d'écart type σ_k, nous avons alors [Zhang 03]:

$$P[Y_s = y_s/X_s = k] = \frac{1}{\sqrt{2\pi\sigma_k^2}} e^{\frac{(y_s-\mu_k)^2}{2\sigma_k^2}} \quad (3.20)$$

Donc :

$$P[Y = y/X = x] = \prod_{s \in S} P[Y_s = y_s/X_s = x_s]$$

$$\Leftrightarrow P[Y = y/X = x] = \prod_{s\in S}\left[\frac{1}{\sqrt{2\pi\sigma_{x_s}^2}}e^{-\frac{(y_s-\mu_{x_s})^2}{2\sigma_{x_s}^2}}\right]$$

$$\Leftrightarrow P[Y = y/X = x] = \prod_{s\in S}\left[\frac{1}{\sqrt{2\pi}}e^{-\ln(\sigma_{x_s})}e^{-\frac{(y_s-\mu_{x_s})^2}{2\sigma_{x_s}^2}}\right]$$

$$\Leftrightarrow P[Y = y/X = x] = \prod_{s\in S}\left[\frac{1}{\sqrt{2\pi}}e^{-\ln(\sigma_{x_s})-\frac{(y_s-\mu_{x_s})^2}{2\sigma_{x_s}^2}}\right]$$

$$\Leftrightarrow P[Y = y/X = x] = Z'^{-1}e^{-U(y/x)} \qquad (3.21)$$

Avec :

$$Z'^{-1} = (2\pi)^{-\frac{card(S)}{2}} \quad \text{est une constante} \qquad (3.22)$$

$$U(y/x) = \sum_{s\in S}\left[\ln(\sigma_{x_s}) + \frac{(y_s - \mu_{x_s})^2}{2\sigma_{x_s}^2}\right] \qquad (3.23)$$

• $P[X = x]$ est la probabilité qui décrit l'existence de la segmentation x, elle est donnée par :

$$P[X = x] = Z^{-1}e^{\frac{U(x)}{T}} \qquad (3.24)$$

En utilisant le modèle de Potts, l'énergie $U(x)$ est donnée par :

$$U(x) = \beta \sum_{c_2=\{s,t\}} (1 - 2\delta(x_s, x_t)) \qquad (3.25)$$

Avec : δ est le symbole de Kronecker

• $P[Y = y]$ est une constante indépendante de x, on pose : $P[Y = y] = A$ \qquad (3.26)

En remplaçant les formules (3.21), (3.24) et (3.26) dans la formule (3.18) on obtient :

$$P[X = x/Y = y] = A^{-1}Z'^{-1}e^{-U(y/x)}Z^{-1}e^{-\frac{U(x)}{T}}$$

On pose : $A' = A^{-1}Z'^{-1}Z^{-1}$ ce qui nous donne :

$$P[X = x/Y = y] = A'e^{-U(y/x)}\, e^{-\frac{U(x)}{T}}$$
$$\Leftrightarrow P[X = x/Y = y] = A'e^{-U(y/x)-\frac{U(x)}{T}}$$
$$\Leftrightarrow P[X = x/Y = y] = A'e^{-\Psi(x,y)} \quad (3.27)$$

Avec : $\Psi(x,y) = U(y/x) + \frac{U(x)}{T}$ (3.28)

Maximiser la probabilité $P[X = x/Y = y]$ revient à minimiser la fonction $\Psi(x,y)$:

$$\hat{x} = \arg \min_{x \in \Omega}\{\Psi(x,y)\} \,(3.29)$$

En remplaçant les formules (3.23) et (3.25) dans la formule (3.28) on obtient :

$$\Psi(x,y) = \sum_{s \in S}\left[\ln(\sigma_{x_s}) + \frac{(y_s - \mu_{x_s})^2}{2\sigma_{x_s}^2}\right] + \frac{\beta}{T}\sum_{c_2=\{s,t\}}(1 - 2\delta(x_s,x_t)) \quad (3.30)$$

6. Optimisation

L'estimation MAP conduit à la minimisation d'une fonction d'énergie. Ce problème est NP-Complet, par conséquent, des techniques d'optimisation sont utilisées pour calculer une solution. Ces techniques font appel à des algorithmes itératifs pour tenter d'approcher un minimum global, elles sont classées en deux types :

➢ Les algorithmes stochastiques : possédant des propriétés de convergence en un temps infini vers un minimum global et indépendamment de la configuration initiale. Elles sont lentes et optimales. Dans ce type nous distinguons deux algorithmes : le recuit simulé avec dynamique de Metropolis et l'échantillonneur de Gibbs avec recuit simulé.

➢ Les algorithmes déterministes : recherchent une solution proche de la solution optimale (rapide mais sous optimale) qui dépend de la configuration initiale. Dans ce type nous distinguons trois algorithmes : ICM (Iterated Conditional Modes), GNC (Graduated Non-Convexity), et MFA (Mean Field Annealing).

Les algorithmes génétiques sont aussi utilisés dans le contexte stochastique. Les algorithmes stochastiques sont réputés être très gourmands en temps de calcul et ceci malgré les récents progrès concernant les techniques d'accélération et de parallélisation. C'est pour cette raison que des algorithmes alternatifs déterministes ont été développés. Ces derniers sont plus rapides, mais peuvent rester piégés dans un minimum local de l'énergie MAP [Grava 03]. Dans ce qui suit, nous allons présenter deux algorithmes que sont le recuit simulé et l'ICM du fait qu'ils sont très utilisés et dont les performances ont été prouvées.

6.1. Le recuit simulé

Le recuit simulé s'appuie sur une recherche partiellement aléatoire dans l'espace des solutions. A chaque pas de l'algorithme, la solution précédente est vue comme une perturbation aléatoire. Par rapport aux algorithmes déterministes itératifs basés sur la minimisation du gradient qui évoluent selon la direction de décroissance de la fonction à minimiser, le recuit simulé permet l'exploration de telles solutions dont certaines peuvent s'éloigner temporairement du minimum, pour éviter la convergence vers un minimum local. La probabilité d'accepter une croissance de la fonction à minimiser est contrôlée par le paramètre de température T.

La distribution de Gibbs avec paramètre de température s'écrit comme suit (équations (3.3)et(3.5)) :

$$\forall\, x \in \Omega, P(X = x) = \frac{1}{Z} e^{-\frac{U(x)}{T}} \text{Avec } Z = \sum_{x \in \Omega} e^{-\frac{U(x)}{T}} \text{ et } T > 0$$

Notons $P(X = x)$ dans ce contexte par $P_T(X = x)$ Il est intéressant d'étudier le comportement de cette distribution pour des valeurs extrêmes du paramètre de température (figure 3.6).

➢ $T \to \infty$, On a : $e^{-\frac{U(x)}{T}} \to 1$ et comme $\sum_{x \in \Omega} P(X = x) = 1$,

On obtient : $P_{T \to \infty}(X = x) \to \frac{1}{card(\Omega)}$

Donc P_T converge vers la probabilité uniforme sûre, pour une température infinie tous les états sont équiprobables.

➤ $T \rightarrow 0$

Notons U^* l'énergie minimale et Ω^* l'ensemble des configurations atteignant l'énergie minimale. $\Omega^* = \{x1, x2, \dots, xk\}$ tels que $x1, x2, \dots, xk$ sont les minima globaux de l'énergie. On peut écrire :

$$P_{T \rightarrow 0}(X = x) = \frac{e^{-\frac{U(x)}{T}}}{\sum_{y \in \Omega} e^{-\frac{U(y)}{T}}} = \frac{e^{-\frac{U(x)-U^*}{T}}}{\sum_{y \in \Omega} e^{-\frac{U(y)-U^*}{T}}} = \frac{e^{-\frac{U(x)-U^*}{T}}}{\sum_{y \notin \Omega^*} e^{-\frac{U(y)-U^*}{T}} + \sum_{y \in \Omega^*} 1}$$

Alors :

- Si $x \notin \Omega^*$, x n'est pas un minimum global de l'énergie, on a $U(x) - U^* > 0$ et $e^{-\frac{U(y)-U^*}{T}} \rightarrow 0 \ pour \ T \rightarrow 0$

- Si $x \in \Omega^*$, on a $P_{T \rightarrow 0}(x_1) = P_{T \rightarrow 0}(x_2) = \dots P_{T \rightarrow 0}(x_k) = \frac{1}{k}$ (il y a une somme finie de termes qui tendent vers 0 au dénominateur)

Ce qui signifie que lorsque la température est nulle $P_{T \rightarrow 0}$ est uniformément distribuée sur les minima globaux de l'énergie, i.e. sur les configurations les plus probables. C'est ce résultat qui est à la base de l'algorithme de recuit simulé décrit comme suite :

---

1. Initialisation :
- Choix d'une température initiale $T = T_0$ suffisamment élevée.
- Choix d'une configuration initiale x(0) quelconque

2. Répéter
- Calculer nouvelle configuration (état) x(n+1) du système
- Accepter cet état sous condition
- Diminuer la température selon la loi de refroidissement ($T_{n+1} = f(T_n)$)

Jusqu'à atteindre une température T_{min} "basse" qui garantit la convergence vers un minimum.

Tableau 3.1. Algorithme de recuit simulé.

La convergence de cet algorithme est strictement liée à la loi de refroidissement. En effet, La décroissance logarithmique de la température $T^{(n)} > \frac{\tau}{log(1+n)}$ proposée par [Geman et al. 84] est un rythme très lent ; en pratique des décroissances géométriques, $T(n + 1) = \tau \, T(n)$, sont utilisées, souvent sans dégradation notable des résultats obtenus. La valeur de la constante ' τ ' intervenant dans la décroissance dépend de la variation énergétique globale maximale sur l'espace des configurations [Boukerroui 00].

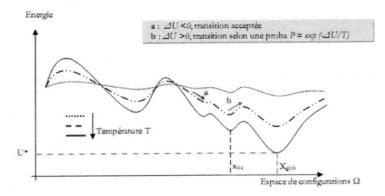

Figure 3.4. Principe de l'algorithme de Recuit simulé.

La figure 3.6 montre l'évolution énergétique au fur et à mesure de la décroissance en température. Au départ, toutes les configurations sont équiprobables puis les minima énergétiques apparaissent et s'accentuent. Nous décrivons dans ce qui suit les deux algorithmes, les plus célèbres, qui permettent de calculer un nouvel état du système à une température donnée : le recuit simulé avec dynamique de Metropolis (DM) et l'échantillonneur de Gibbs avec recuit (Gibbs Sampler).

6.1.1. Le recuit simulé avec Dynamique de Métropolis (DM) [Grava 03]

Dans le cas de la dynamique de Metropolis (qui est la plus proche du processus physique du recuit), la variation de température est assez lente pour qu'on puisse considérer qu'à une température donnée, le système a le temps d'évoluer jusqu'à un état le plus ordonné possible qui correspond au point d'équilibre thermique à cette température. Cet équilibre est caractérisé par le fait que la probabilité pour que le système se trouve dans une configuration x est : $P(X = x) = \frac{1}{z} e^{-\beta U(x)}$ Avec $Z = \sum_{x \in \Omega} e^{-\beta U(x)}$

La constante β est telle que $\beta = \frac{1}{kT}$; où T est la température absolue du système et k la Constante de Boltzmann.

44

A chaque pas de l'algorithme on génère une nouvelle solution candidate (une perturbation), d'une manière aléatoire. Si cette solution conduit à une décroissance de l'énergie $\Delta U < 0$ due à la perturbation, la solution est acceptée. Sinon, la solution est acceptée en conformité avec une distribution exponentielle de probabilité (p) telle que :

$$P = \begin{cases} e^{-\frac{\Delta U}{T}} & , si \ \Delta U > 0 \\ 1 & , si \ \Delta U \leq 0 \end{cases}$$

Si la température est grande, la probabilité d'accepter une configuration augmentant l'énergie est plus grande que dans le cas où la température serait faible.

Une description de l'algorithme de recuit simulé utilisant la dynamique de Metropolis donnée par l'algorithme suivant :

---

1. Initialisation :

   Initialiser $n = 0$ et $T = T_{max}$ et choisir de manière aléatoire la configuration initiale $x(0)$.

2. Générer aléatoirement une nouvelle perturbation $x(n + 1)$ à partir de $x(n)$:

   - Choisir un site s

   - Tirer aléatoirement une étiquette x_s dans l'espace des solutions E selon une loi uniforme

3. Calculer $\Delta U = U\big(x(n + 1)\big) - U\big(x(n)\big)$

4. Calculer la probabilité :

   $$P = \begin{cases} e^{-\frac{\Delta U}{T}} & , si \ \Delta U > 0 \\ 1 & , si \ \Delta U \leq 0 \end{cases}$$

5. Si $P = 1$, on accepte la perturbation.

   Sinon, on tire aléatoirement un nombre r, avec une distribution uniforme entre 0 et 1

   Si $r \leq P$, on accepte la perturbation : $x(n + 1)$

      Sinon $x(n + 1) = x(n)$

6. Incrémenter n

   Si $n < N_{max}$ Où N_{max} est prédéfini, revenir en 2.

7. Initialiser : $n = 0$ et $x(0) = x(N_{max})$.

   - On réduit T en conformité avec la loi de refroidissement.

   - Si. $T > T_{min}$ alors aller en 2 Sinon, Arrêt.

Tableau 3.2. Algorithme Recuit Simulé avec Dynamique de Metropolis.

Parce que les perturbations sont générées d'une manière aléatoire, l'algorithme nécessite un grand nombre d'itérations pour converger quand l'espace des états est grand. Le fait d'accepter des configurations d'énergie supérieures permet d'éviter le problème des minima locaux de l'énergie U.

6.1.2. Échantillonneur de Gibbs avec recuit

Dans le cas de l'échantillonneur de Gibbs avec recuit, proposé par [Geman et al. 84], l'analogie avec le processus physique de recuit est moins directe, parce que même si l'algorithme est de type recuit, donné par l'algorithme ci-dessus (cf. tableau 3.3), on ne laisse pas forcément le système se stabiliser à chaque température [3]:

Au lieu de générer les perturbations d'une manière aléatoire et de décider après si elles sont acceptées ou pas, le cas du DM, les perturbations sont plutôt générées en conformité avec des fonctions de densité de probabilité conditionnelles locales, qui dérivent d'une distribution de Gibbs. Le nouvel état du système est calculé de la façon suivante : on modifie la valeur d'un pixel s, en lui affectant la valeur x_s, qui dépend des valeurs des voisins de s et d'une variable aléatoire ayant une distribution quelconque souvent uniforme [Bloch et al.05]. Les sites sont explorés de façon cyclique. La description du principe de l'échantillonneur de Gibbs avec recuit est donnée dans le tableau suivant:

---

1. Initialiser $n = 0$ et $T = T_{max}$ une température assez élevée.

On choisit de manière aléatoire la configuration initiale $x(0)$

2. Examiner chaque site pour perturber sa valeur correspondante. La perturbation $x(n + 1)$ est calculée à partir de $x(n)$ de la manière suivante :

    a) Pour chaque site s, on calcule sa probabilité conditionnelle locale d'avoir une étiquette x_s en fonction des valeurs actuelles de ses voisins telle que :

$$P(X_s = x_s / X_t = x_t, t \in V_s(s)) = \frac{\exp\{-\frac{1}{T}\sum_{c\in C, s\in c} U_c(x)\}}{\sum_{l\in E} \exp\{-\frac{1}{T}\sum_{c\in C, s\in c} U_c(x^{s,l})\}}$$

Avec $x^{s,l}$ étant la configuration qui coïncide avec x sur $S - \{s\}$ et valant l au site s.

    b) Mettre à jour le site s en effectuant un tirage selon la loi : $P(X_s = x_s / V_s(S))$

3. On réduit T en conformité avec la loi de refroidissement.

Si $T > T_{min}$ aller en 2, Sinon Arrêt.

Tableau 3.3. Échantillonneur de Gibbs avec recuit [Bloch et al. 05].

---

[3] C'est la principale différence entre le recuit Gibbs et le recuit Métropolis.

6.2. L'algorithme ICM « Iterated Conditional Modes »

Malheureusement, l'algorithme du recuit simulé est très lourd en temps de calcul puisqu'il demande la génération d'un grand nombre de configurations au fur et à mesure que la température décroît. Des algorithmes sous-optimaux sont donc souvent utilisés en pratique. Besag [Besag 86] a ainsi proposé un autre algorithme, beaucoup plus rapide, mais pour lequel nous n'avons pas de preuve de convergence vers un minimum global. Il s'agit de l'ICM, Iterated Conditional Mode.

L'algorithme ICM est un schéma de relaxation déterministe dérivé des algorithmes de recuit simulé, en prenant une température constamment nulle. Ainsi les remontées d'énergie ne sont plus possibles et la transition d'une configuration à une autre, d'énergie inférieure, se fait d'une façon déterministe. La minimisation atteindra donc un minimum local, qui ne dépend que de la configuration initiale et du schéma de visite des sites, en un temps fini.

L'algorithme ICM maximise les probabilités conditionnelles locales en chaque site séquentiellement. D'une manière itérative, cet algorithme modifie à chaque étape les valeurs x_s de l'ensemble des sites de l'image. Mais à la différence des algorithmes stochastiques de type recuit la modification d'une valeur se fait ici de façon déterministe.

On construit donc, partant d'une configuration initiale $x(0)$, une suite d'images $x(n)$,

Convergeant vers une approximation du MAP $\hat{x}$ recherché. Si $x(n)$ est la configuration courante, alors la valeur du pixel s est remplacée par l'un des modes de la distribution conditionnelle locale donnée par l'équation (3.8) connaissant les valeurs des pixels t voisins de s, d'où le nom de l'ICM (Iterated Conditional Modes = Modes Conditionnels Itérés) donné à cet algorithme. De l'expression des distributions conditionnelles locales (équation 3.8) et si on considère la fonction d'énergie (équation 3.30), on déduit que l'étiquette retenue minimise sur E l'énergie locale suivante :

$$\Psi(x,y) = \sum_{s \in S}\left[\ln(\sigma_{x_s}) + \frac{(y_s - \mu_{x_s})^2}{2\sigma_{x_s}^2}\right] + \beta \sum_{c_2 = \{s,t\}} (1 - 2\delta(x_s, x_t))$$

La description du principe général de l'algorithme ICM est donnée dans le tableau suivant :

---

1. Initialisation :

   Initialiser $n = 0$ et $T = T_{max}$ une température assez élevée. On choisit de manière aléatoire la configuration initiale $x(0)$,

2. Calculer $x(n + 1)$ à partir de $x(n)$:

   (1) Parcourir l'ensemble des sites s (selon une stratégie de visite de site)

   $$x(n + 1) = argmin_{x_s \in E}(\sum_{s \in S} \left[\ln(\sigma_{x_s}) + \frac{(y_s - \mu_{x_s})^2}{2\sigma_{x_s}^2} \right] + \beta \sum_{c_2 = \{s,t\}} (1 - 2\delta(x_s, x_t)))$$

   $n = n + 1$

   (2) Retour en (1) jusqu'à réalisation d'un critère d'arrêt.

Tableau 3.4. Algorithme ICM.

Bien que cet algorithme converge en un temps fini, on peut le doter d'un critère d'arrêt Reposant par exemple sur le nombre de sites ayant changé de configuration lors d'une ou deux visites complètes de S.

On peut distinguer trois types de stratégie de visite [Boukerroui 00] :

(i) le balayage selon un ordre prédéfini ;

(ii) le balayage aléatoire ;

(iii) le balayage proposé par Chou & Brown sous le nom d'optimisation HCF (pour Highest

Confidence First) ([Graffigne et al. 95], [Boukerroui 00]).

On montre que l'énergie globale de la configuration x diminue à chaque itération ([Graffigne & al. 95], [Bloch et al. 05]). Cet algorithme, contrairement au recuit simulé, est très rapide (une dizaine de balayages permettent d'arriver à convergence) et peu coûteux en temps de calcul puisqu'il ne nécessite que le calcul des énergies conditionnelles locales. En contrepartie, ses performances dépendent très fortement de l'initialisation puisqu'il converge vers un minimum local. L'ICM s'apparente à un recuit simulé gelé à température nulle, et peut donc rester bloqué dans le minimum énergétique local le plus proche de l'initialisation. Le recuit simulé, au contraire, grâce au paramètre de température et aux remontées en énergie qu'il autorise, permet d'accéder au minimum global.

7. Conclusion

Il y a une pléthore d'algorithmes de segmentation d'images. La méthode universelle performante dans tous les cas de figure n'existe pas. Exposer et explorer toutes les méthodes de segmentation, dépasseraient le cadre de ce travail. Nous nous sommes intéressés dans nos travaux à la modélisation par champs aléatoires de Markov cachés (HMRF pour Hidden Markov Random Fields) pour segmenter les images médicales. Cette modélisation offre un cadre robuste à la tâche de classification. Elle aboutit à l'optimisation d'une fonction objective. Nous avons présenté deux techniques d'optimisations éprouvées pour résoudre ce problème : le recuit Simulé (simulated annealing) et la méthode (ICM Iterated Conditional Modes). Outre la modélisation par champs de Markov, nous avons également présenté la méthode de segmentation par nuées dynamiques ou K-means dans le but d'avoir une première évaluation de la qualité de la segmentation.

CHAPITRE 4

SEGMENTATION PARALLELE DES IMAGES MEDICALES VOLUMETRIQUES

Sommaire

1. Introduction

Après avoir rappelé les principales notions sur notre modélisation et les algorithmes d'optimisation, nous allons présenter dans ce chapitre la segmentation parallèle des images médicales volumétriques. Nous détaillerons tout d'abord l'utilisation de l'algorithme k-means. Nous décrivons ensuite les algorithmes d'optimisation utilisés dans le cadre de la modélisation par les champs aléatoires de Markov cachés. Nous donnons en fin les tests effectués sur un cluster d'ordinateurs personnels.

2. Processus de segmentation parallèle

Durant l'exécution d'un programme parallèle, un ou plusieurs processeurs ou unités de traitement peuvent devenir oisifs. Ce problème est dû à la mauvaise répartition des tâches. Un équilibrage des charges s'avère nécessaire pour espérer atteindre de bons facteurs d'accélération. L'équilibrage des charges peut être statique (distribution des tâches, selon une pré-évaluation, avant le lancement du programme parallèle) ou bien dynamique (des tâche peuvent être affectées au fur et à mesure de l'exécution du programme parallèle).

Nous avons choisi d'implémenter une méthode hybride d'équilibrage des charges. Au départ des tâches sont réparties statiquement sur les processeurs. Ensuite dès qu'un processus termine sa tâche, il demande aux autres processeurs, n'ayant pas encore terminé, de lui attribuer une tâche supplémentaire à accomplir.

Notre programme de segmentation parallèle peut être résumé par :
- Chaque processeur effectue la segmentation des images qui lui sont affectées.
- Répartition de nouvelles tâches aux processeurs ayant terminé avant la segmentation globale.
- Collection des résultats de différents processus par le processus de rang zéro (*processus0*) qui s'occupe aussi du calcul des mesures de performances et l'affichage des images segmentées.
Nous pouvons schématiser ces étapes par la figure suivante :

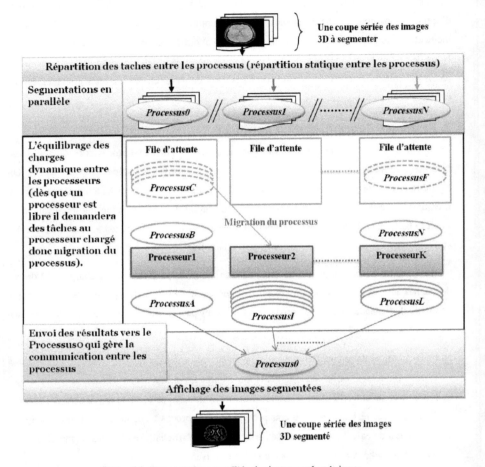

Figure 4.1. Segmentations parallèle des images volumétriques.

3. Les méthodes de segmentation implémentées :

En ce qui concerne les algorithmes de segmentation, notre application offre la possibilité de choisir entre les algorithmes vus dans le chapitre précédent. Dans cette partie nous présentons les grandes lignes de notre implémentation de chaque méthode.

3.1. K-means

La méthode k-means est un algorithme très utilisé dans l'analyse de données. Dans le cas de la segmentation des images, l'algorithme k-means vise à regrouper les pixels en k classe (régions) distinctes. On peut présenter les grandes lignes de notre implémentation de l'algorithme comme suit :

Algorithme de K-means

1- Initialiser aléatoirement l'image segmentée $X = (x_1, x_2, \ldots, x_n)$ par des labels dont les valeurs sont entre 0 et $k - 1$, tel que x_i est la valeur de pixel i dans l'image X.

2- Calculer k moyennes$(m_0, \ldots, m_{k-1})$ de chaque label à partir de l'image observée $Y = (y_0, y_1, \ldots, y_n)$ tel que l'intensité des pixels (y_i) sont en niveau de gris.

3- Pour chaque pixel x_i : $x_i \leftarrow r$ tel que r est le rang de la moyenne la plus proche à y_i.

4- Refaire les étapes 2 et 3 jusqu'à ce que il n'y ait plus de changement dans les valeurs de X.

Tableau 4.1. Algorithme K-means.

Nous présentons, ci-après un exemple simple expliquant le déroulement de l'algorithme k-means :

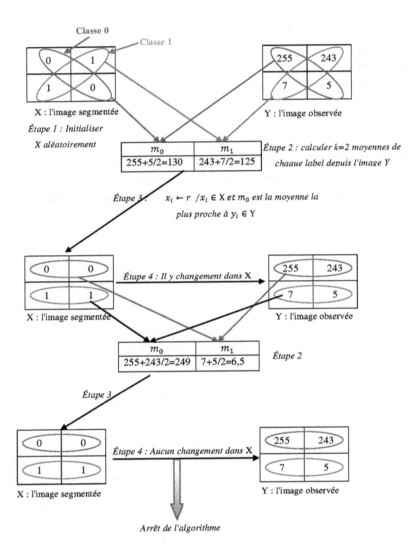

Figure 4.2. Exemple de segmentation avec k-means.

3.2. Le recuit simulé

Le pseudo-code suivant met en œuvre le recuit simulé que nous avons programmé dans notre application.

Algorithme de Recuit Simulé :

T_0 : Température initiale

T_{min} : Température finale

$\hat{x}^0$: Configuration initiale aléatoire

F(.) : Fonction de décroissance de la Température :

$$T \leftarrow T_0$$
$$x^0 \leftarrow \hat{x}_0$$

- Calcul de $\hat{x}^{k+1}$: à partir de $\hat{x}^k$:

$$x \leftarrow \hat{x}^k$$

1. On balaie l'ensemble des sites s et :
   - En chaque site s, on calcule $P_{X_s/X_{V_s},Y_s}(X_s/X_{V_s},Y_s)$ pour chacune des classes :

$$P_{X_s/X_{V_s},Y_s}(X_s/X_{V_s},Y_s) = \frac{1}{Z}e^{-\frac{1}{T_k}\Sigma_{c\in C}V_c(x_s)+V(x_s,y_s)}$$

   - On tire l'une des classes X_s selon les probabilités d'appartenance $P_{X_s/X_{V_s},Y_s}$ définie précédemment.

$$\hat{x}^{k+1} \leftarrow x$$

2. Faire décroître la température $T_{k+1}=F(T_k)$ (exemple : $T_{k+1}=0.99^kT_0$) et incrémenter l'itération $k = k + 1$,
3. retour en 1. jusqu'à la satisfaction d un critère d arrêt.

Tableau 4.2. L'algorithme de recuit simulé.

La décroissance doit être suffisamment lente pour éviter toute cristallisation dans un minimum local. Nous distinguons deux lois de décroissance :

Logarithmique :

$$T^{(k+1)} = \frac{C^{ste}}{\ln(1+k)}$$ Tel que C^{ste} est une constante arbitraire

Suites géométriques de raison q :

$$T^{(k+1)} = qT^{(k)}$$ avec $0 < q < 1$ et q $proche$ de 1

3.3. ICM

Le tableau suivant montre l'algorithme ICM appliqué sur les champs de Markov cachés.

- Initialisation : on choisit une configuration initiale $\hat{x}^0$ aussi proche que possible de la configuration optimale (Segmentation au sens du Maximum de Vraisemblance, MV. Dans notre cas l'initialisation par les résultats de k-means)

$$\hat{x}^0{}_{sMV} = \arg\max_{x_s}\{P_{Y_s/X_s}(Y_s, X_s)\} \, \forall s \in S$$

- Calcul de $\hat{x}^{k+1}$ à partir de $\hat{x}^k$:

$$x \leftarrow \hat{x}^k$$

1. On balaie l'ensemble des sites s (selon une stratégie de visite) et :

- En chaque site s, on calcule pour chacune des classes possible la :

$$P_{X_s/X_{V_s},Y_s}(X_s/X_{V_s}, Y_s) = \frac{1}{Z}e^{-(\sum_{c\in C}V_c(x_s)+V(x_s,y_s))}$$

- On sélectionne la classe X_s qui correspond à la probabilité maximale :

$$\hat{x}_s = \arg\max_{x_s}\left\{P_{X_s/X_{V_s},Y_s}(X_s/X_{V_s}, Y_s)\right\}$$

$$\hat{x}^{k+1} \leftarrow x$$

2. retour en 1. jusqu'à la satisfaction d'un critère d'arrêt généralement donné par :

si $\hat{x}_s^{k+1} \not\approx \hat{x}_s^k \quad k \leftarrow k+1$

Tableau 4.3. L'algorithme d'ICM.

4. L'implémentation de l'algorithme de segmentation parallèle des images volumétriques

Pour la programmation parallèle, la version MPI-2 a été privilégiée. MPI permet d'atteindre de hautes performances sur les clusters d'ordinateurs personnels. L'implémentation gratuite Open MPI a été utilisée pour minimiser au maximum le coût de la solution globale. Nous résumons notre implémentation de l'algorithme de segmentation parallèle des images médicales volumétriques par le pseudo-code suivant :

```
#include <mpi.h>   // inclure la librairie qui gère la parallélisation.
int main(int argc, char *argv[])
{
    MPI::Init(argc, argv);   // L'initialisation de l'environnement MPI.
    rank = MPI::COMM_WORLD.Get_rank();   // rank contient le rang.
    size = MPI::COMM_WORLD.Get_size();   // size contient le nombre de processus.
    if (rank==0)
    {
    /* Le processus de rang zéro affiche une interface graphique à l'utilisateur pour paramétrer
    l'application (les dimensions de l'images X,Y,Z, L'algorithme de segmentation K-means,  ICM, ...,
    d'autre paramètres). */
        w.show();
        a.exec();
    }
    else
    {
    // Déclaration les variables d'état pour contrôler la transmission et la réception.
        MPI::Status status, statusxyz;
    /* Les processus de rang différent de zéro attendent de recevoir les paramètres à partir du processus
    zéro. */
        MPI::COMM_WORLD.Recv(fichier, 100, MPI::CHAR,0,MPI::ANY_TAG,status);
        MPI::COMM_WORLD.Recv(&XYZ, 1, MPI::INT,0,MPI::ANY_TAG,statusxyz);
                        .........................
    /* Chaque processus segmente une tranche d'images par l'algorithme Alg. */
        vecteur=w.Image->calculeImageLable(image_début, image_fin,Alg);
                        .........................
            /* Chaque processus envoie ses résultats au processus zéro. */
        MPI::COMM_WORLD.Send(vecteur,tailleEnByte,MPI::INT,0,2);
    }
    MPI::Finalize();   // Terminer l'environnement MPI.
    return 0;   // Fin du programme.
}
```

Tableau 4.4. Algorithme du ségmentation parallèle.

Les fonctionnalités MPI utilisées ont été sommairement commentées. Pour plus de détails sur les fonctionnalités MPI utilisées dans notre programmation parallèle, se référer aux descriptions données au chapitre précédent.

57

5. Tests et résultats

Dans ce qui suit, nous allons présenter l'environnement de l'implémentation et de déploiement de notre application et les différents benchmarks utilisées. Nous définissons également la notion de kappa index pour son intérêt dans la mesure de la qualité de segmentation d'un algorithme. Les images utilisées sont de deux types : des images avec vérité terrain (ground truth) issues de l'encyclopédie Brainweb[4] de l'université Mc Gill (Canada) et des images réelles. Nous présenterons par la suite différents résultats visuels de la segmentation par les algorithmes k-means, HMRF et recuit simulé, HMRF et ICM. Nous examinerons ensuite les différents temps d'exécutions des algorithmes sur un seul PC (temps séquentiel) et sur le cluster de PC (temps parallèle).

5.1. Environnement de développement

Le cluster d'ordinateurs personnels utilisé est le cluster disponible au niveau du département informatique dédié aux étudiants en post-graduation. C'est un cluster constitué de 11 ordinateurs à usage général reliés par un réseau Gigabit-Ethernet. Les ordinateurs sont disparates et n'ont pas les mêmes performances. Cet état de fait ne réduit pas la portée de l'étude que nous menons.

Nous avons opté pour la programmation en langage C++ sous système d'exploitation Ubuntu. En ce qui concerne MPI, nous avons privilégié Open-MPI suivant le standard MPI2 pour des raisons de puissance, de facilité d'utilisation et de coût. L'environnement global de déploiement est décrit ci-après:

- Configuration logicielle :
  - Langage de programmation : C++
  - Environnement de développement : QT 4 de NOKIA.
  - Librairie de parallélisation : Open-mpi suivant le standard MPI2.
  - Système d'exploitation : Linux distribution Ubuntu 10.04
- Configuration matérielle :
  - Onze machines dont les caractéristiques sont mentionnées dans le tableau ci-dessous (4.5).
  - commutateur de type HWAWEI (Catalyst 3560G) reliant les machines précitées.

---

[4] *www.bic.mni.mcgill.ca/**brainweb**/*

Le tableau suivant décrit les caractéristiques principales des machines du cluster

propriétés Ordinations	Informations du CPU				Mémoire vive	réseau
	Nom du modèle	Fréquence	Cache	Nombre		
master	Intel(R) Core(TM)2 Duo CPU E8400 @ 3.00GHz	2000.000 MHz	6144 KB	2	2988 MB	Ethernet controller Intel Corporation 82567LM-3 Gigabit Network Connection (rev 02) Subsystem: Dell Device 0276
Noued01	Intel(R) Core(TM)2 Duo CPU E7300 @ 2.66GHz	2660.512 MHz	3072 KB	2	2972 MB	Ethernet controller Realtek Semiconductor Co., Ltd. RTL-8139/8139C/8139C+ (rev 10) Subsystem: Realtek Semiconductor Co., Ltd. RTL-8139/8139C/8139C+
Noued02	Intel(R) Core(TM)2 Duo CPU E8400 @ 3.00GHz	2000.000 MHz	6144 KB	2	2988 MB	Ethernet controller Intel Corporation 82567LM-3 Gigabit Network Connection (rev 02) Subsystem: Dell Device 0276
Noued03	Intel(R) Pentium(R) 4 CPU 3.00GHz	2992.437 MHz	1024 KB	2	992 MB	Ethernet controller Broadcom Corporation NetXtreme BCM5751 Gigabit Ethernet PCI Express (rev 01) Subsystem: Dell Device 01ad
Noued04	Intel(R) Pentium(R) 4 CPU 3.00GHz	2400.000 MHz	2048 KB	2	992 MB	Ethernet controller Broadcom Corporation NetXtreme BCM5754 Gigabit Ethernet PCI Express (rev 02) Subsystem: Dell Device 01da
Noued05	Intel(R) Pentium(R) 4 CPU 3.00GHz	2992.723 MHz	1024 KB	2	992 MB	Ethernet controller Broadcom Corporation NetXtreme BCM5751 Gigabit Ethernet PCI Express (rev 01) Subsystem: Dell Device 01ad
Noued06	Intel(R) Pentium(R) 4 CPU 3.00GHz	2992.612 MHz	1024 KB	2	992 MB	Ethernet controller Broadcom Corporation NetXtreme BCM5751 Gigabit Ethernet PCI Express (rev 01) Subsystem: Dell Device 01ad
Noued07	Intel(R) Pentium(R) 4 CPU 3.00GHz	2992.619 MHz	1024 KB	2	992 MB	Ethernet controller Broadcom Corporation NetXtreme BCM5751 Gigabit Ethernet PCI Express (rev 01) Subsystem: Dell Device 01ad
Noued08	Intel(R) Pentium(R) 4 CPU 3.00GHz	2992.638 MHz	1024 KB	2	992 MB	Ethernet controller Broadcom Corporation NetXtreme BCM5751 Gigabit Ethernet PCI Express (rev 01) Subsystem: Dell Device 01ad
Noued09	Intel(R) Pentium(R) 4 CPU 3.00GHz	2992.416 MHz	1024 KB	2	992 MB	Multimedia controller Intel Corporation 82801G (ICH7 Family) AC'97 Audio Controller (rev 01) Subsystem: Dell Device 01ad
Noued10	Intel(R) Pentium(R) 4 CPU 3.00GHz	2400.000 MHz	2048 KB	2	992 MB	Ethernet controller Broadcom Corporation NetXtreme BCM5754 Gigabit Ethernet PCI Express (rev 02) Subsystem: Dell Device 01da

Tableau 4.5. les caractéristiques des machines de cluster.

> Les benchmarks utilisées :

Le tableau suivant décrit les différents benchmarks utilisés dans nos tests

Image de description	Numéro de benchmark	Nom de benchmark	Dimension	Lien
	1	Head MRT Angiography 8Bits (mrt8_angio2.raw)	256 x 320 x 128	http://www.gris.uni-tuebingen.de/edu/areas/scivis/volren/datasets/new.html
	2	Head MRI CISS 8Bits (mri_ventricles.raw)	256 x 256 x 124	http://www.gris.uni-tuebingen.de/edu/areas/scivis/volren/datasets/new.html
	3	Stented Abdominal Aorta 8Bits (stent8.raw)	512 x 512 x 174	http://www.gris.uni-tuebingen.de/edu/areas/scivis/volren/datasets/new.html
	4	Backpack Scan 8Bits (backpack8.raw)	512 x 512 x 373	http://www.gris.uni-tuebingen.de/edu/areas/scivis/volren/datasets/new.html
	5	Colon Prone 8Bits (prone8.raw)	512 x 512 x 463	http://www.gris.uni-tuebingen.de/edu/areas/scivis/volren/datasets/new.html
	6	Colon Supine 8Bits (supine8.raw)	512 x 512 x 426	http://www.gris.uni-tuebingen.de/edu/areas/scivis/volren/datasets/new.html
	7	Colon Phantom 8Bits (colon_phantom8.raw)	512 x 512 x 442	http://www.gris.uni-tuebingen.de/edu/areas/scivis/volren/datasets/new.html
	8	MRI Phantom 8Bits (t1_icbm_normal_1m m_pn0_rf0.rawb)	181 x 217 x 181	http://mouldy.bic.mni.mcgill.ca/brainweb/anatomic_normal.html

Tableau 4.6. Liste des benchmarks utilisés.

5.2. Kappa index

Dans cette section nous allons définir la notion de Kappa index.

> Definition :

L'intérêt du Kappa Index, appelé aussi cofficient de Dice, est une mesure de la qualite de segmentation quand la vérité terrain est connue (images synthétiques où l'on connait la segmentation à atteindre). Nous pouvons ainsi évaluer la qualté de la segmentation et par extension les algorithmes de segmentation utilisées. Donc, si nous faisons notre segmentation en k classes alors il faut k valeurs de *Kappa Index*(*KappaIndexi*). Chaque *KappaIndexi* mesure la vrairesemblance entre la classe i de l'image segmenté et la classe corréespondant i^* qui réprésente la vraie segementation. Voici la formule de caclul de $KappaIndex$:

$$KappaIndex = \frac{2A}{2A + B + C}$$

Tel que :

A : le nombre de pixel présente dans la classe i et dans la classe i^*

B : le nombre de pixel présente dans la classe i^* et n'est pas présente dans la classe i

C : le nombre de pixel présente dans la classe i et n'est pas présente dans la classe i^*

Une valeur proche de 1 du Kappa Index indique une très bonne correspondance entre une classe calculée (région segmentée) et la vraie classe. Une valeur proche de 0 indique quant à elle une mauvaise correspondant donc une segmentation médiocre.

Dans notre application, nous nous sommes surtout intéressés aux images médicales volumétriques. Ce choix n'amondrit pas la démarche générale adoptée.

Dans l'exemple donné ci-après, concernant une image anatomique du cerveau, la segmentation ciblée doit identifier trois tissus fondamentaux de la structure anatomique du cerveau à savoir la matière blanche, la matière grise et le liquide cerebro-spinal ([Angelini et al. 07], [Lecoeur et al. 08]).

Nous devons donc calculer trois valeurs de *Kappa Index*: la première pour la matière blanche, la deuxième pour la matière grise et la troisième pour le liquide cerebro-spinal (ou csf pour cerebro-spinal fluid). La figure suivante illustre les trois valeurs de *Kappa Index* pour une image donnée.

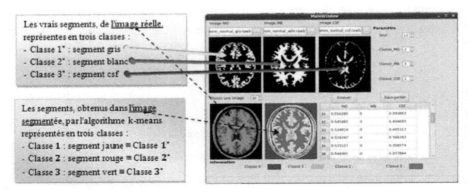

Les vrais segments, de l'image réelle, représentes en trois classes :
- Classe 1* : segment gris
- Classe 2* : segment blanc
- Classe 3* : segment csf

Les segments, obtenus dans l'image segmentée, par l'algorithme k-means représentés en trois classes :
- Classe 1 : segment jaune ≡ Classe 1*
- Classe 2 : segment rouge ≡ Classe 2*
- Classe 3 : segment vert ≡ Classe 3*

Figure 4.3. La vraisemblance entre les classes de l'image réelle et celles de sa segmentation.

➤ Quelque résultats de kappa index de la segmentation par k-means :

Le tableau suivant donne les différents Kappa Index de la segmentation par l'algorithme k-means pour 20 images du benchmark numéro 8 (cf. tableau 4.6).

N° image	kappa index de matière grise	kappa index de matière blanche	kappa index de CSF
1	0.856056	0.896745	0.645923
2	0.857293	0.901739	0.646828
3	0.851519	0.900687	0.653043
4	0.856374	0.908144	0.649657
5	0.849056	0.903732	0.634123
6	0.84458	0.909211	0.630718
7	0.84435	0.913477	0.633856
8	0.837433	0.912644	0.631124
9	0.840484	0.914137	0.63048
10	0.834675	0.918185	0.617676
11	0.826378	0.91758	0.629937
12	0.825253	0.923152	0.640112
13	0.821785	0.923975	0.64903
14	0.816354	0.922212	0.644687
15	0.820033	0.923315	0.639339
16	0.825304	0.923624	0.621395
17	0.833665	0.918753	0.618153
18	0.837121	0.9216	0.607647
19	0.833025	0.917496	0.594176
20	0.841284	0.917441	0.575455

Tableau 4.7. Quelques résultats de kappa index de la segmentation par k-means appliqué sur le benchmark numéro 8.

Nous remarquons que l'algorithme de k-means donne un très bon résultat de segmentation pour une classe qui comporte un grand nombre de pixel comme la classe de matière blanche, à titre d'exemple, nous prenons le cas de l'image segmentée numéro seize (voir tableau ci-après) :

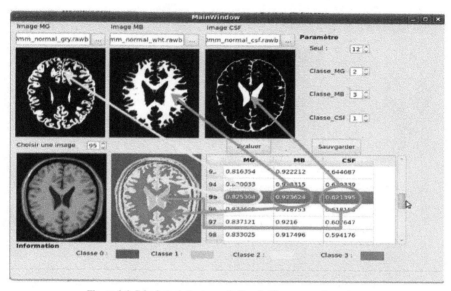

Figure 4.4. Résultats de la segmentation de l'image numéro seize.

Dans l'image réelle le nombre de pixel dans la matière blanche est assez grand ce qui donne une très bonne segmentation comme le montre la valeur du kappa index (kappa-index=0.923624) qui correspond à la couleur rouge dans l'image segmentée. Par contre, la segmentation est acceptable pour la matière CSF (correspond à la couleur verte dans l'image segmentée) dont le kappa-index=0.621395 n'est pas assez grand puisque le nombre de pixel dans l'image réelle est faible.

➤ Quelque résultats de kappa index de la segmentation par ICM :

Le tableau suivant représente les différents Kappa Index de la segmentation par l'algorithme ICM à cent itérations pour 20 images (la même échantillon d'image utilisé pour extraire les resultats de kappa index de la segmentation par k-means).

N° image	kappa index de matière grise	kappa index de matière blanche	kappa index de CSF
1	0.831208	0.871608	0.540376
2	0.832441	0.877963	0.573928
3	0.830433	0.879555	0.587368
4	0.829466	0.88182	0.564923
5	0.825951	0.882594	0.550974
6	0.836547	0.896395	0.586287
7	0.836829	0.90829	0.597934
8	0.844532	0.914479	0.608657
9	0.844996	0.916134	0.602278
10	0.836627	0.917437	0.593718
11	0.844682	0.929528	0.641399
12	0.836163	0.929231	0.647406
13	0.834865	0.932612	0.670461
14	0.857876	0.930946	0.487509
15	0.841378	0.923147	0.668145
16	0.83184	0.931115	0.641641
17	0.840081	0.922477	0.630347
18	0.843653	0.925318	0.607332
19	0.835652	0.912251	0.576851
20	0.867402	0.81703	0.568594

Tableau 4.8. Quelques résultats de kappa index de la segmentation par ICM appliqué sur le benchmark numéro 8.

Nous remarquons que les résultats de kappa index de la segmentation par ICM donnent une qualité comparable à la segmentation par k-means.

5.3. Les résultats visuels

Dans cette section nous allons présenter les différents résultats visuels de la segmentation par les trois algorithmes k-means, ICM et recuit simulé. Par résultats visuels, nous sous-entendons qu'il n'existe pas de vérité terrain (segmentation a priori). Nous ne pouvons pas calculer de Kappa-Index. La qualité de la segmentation ne peut se faire que visuelement par un œil averti.

Quelques résultats visuels de la segmentation par l'algorithme k-means

Les figures suivantes montrent les résultats visuels de la segementations par l'algorithme K-means pour certains benchmark cité ci-dessus (cf.tableau 4.6) .

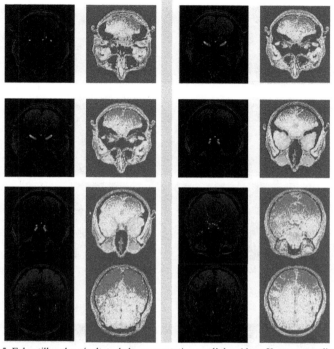

Figure 4.5. Echantillon des résultats de la segmentation par l'algorithme K-means appliqué sur le benchmark numéro 1.

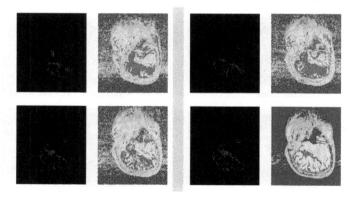

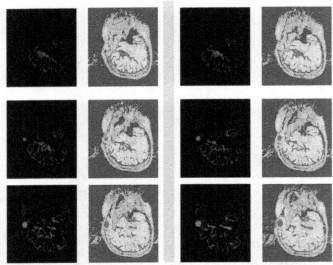

Figure 4.6. Echantillon des résultats de la segmentation par l'algorithme K-means appliquée sur le benchmark numéro 2.

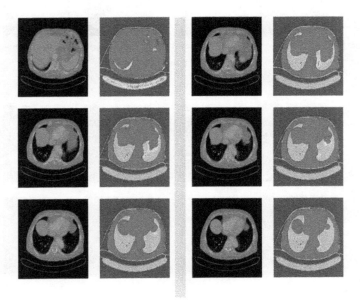

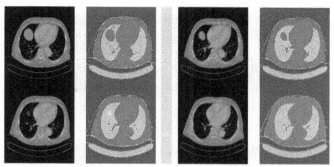

Figure 4.7. Echantillon des résultats de la segmentation par l'algorithme K-means appliquée sur le benchmark numéro 3.

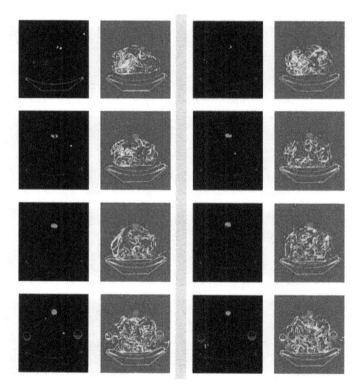

Figure 4.8. Echantillon des résultats de la segmentation par l'algorithme K-means appliqué sur le benchmark numéro 4.

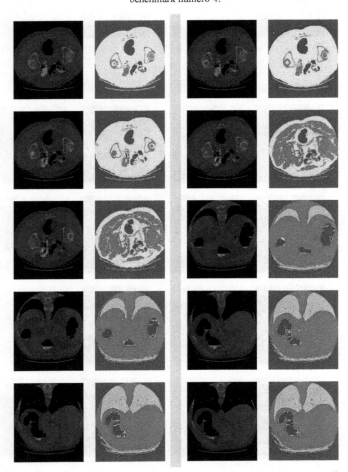

Figure 4.9. Echantillon des résultats de la segmentation par l'algorithme K-means appliqué sur le benchmark numéro 5.

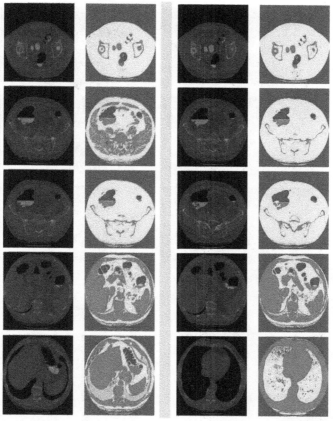

Figure 4.10. Echantillon des résultats de la segmentation par l'algorithme K-means appliqué sur le benchmark numéro 6.

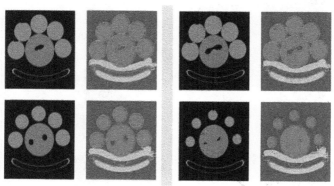

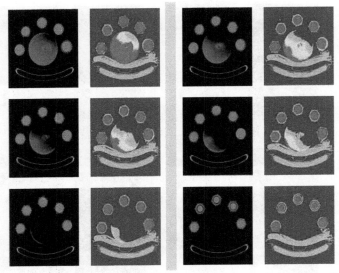

Figure 4.11. Echantillon des résultats de la segmentation par l'algorithme K-means appliqué sur le benchmark numéro 7.

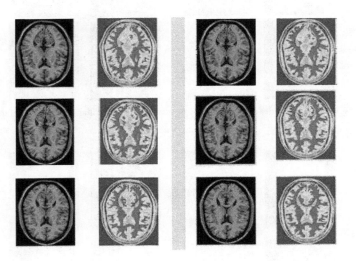

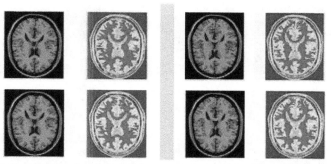

Figure 4.12. Echantillon des résultats de la segmentation par l'algorithme K-means appliqué sur le benchmark numéro 8.

➢ Quelque résultats visuels de la segmentation par l'algorithme de recuit simulé

Les figures suivantes montrent les résultats visuels de la segementation par l'algorithme de recuit simulé à trois itérations pour certains benchmark cités ci-dessus (cf.tableau 4.5).

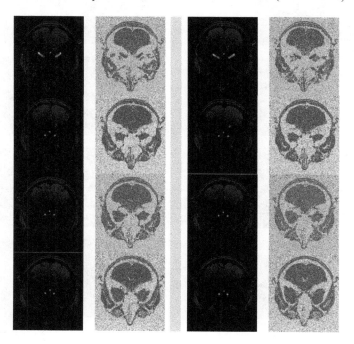

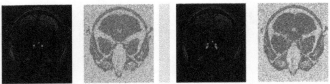

Figure 4.13. Echantillon des résultats de la segmentation par recuit simulé à trois itérations appliqué sur le benchmark 1.

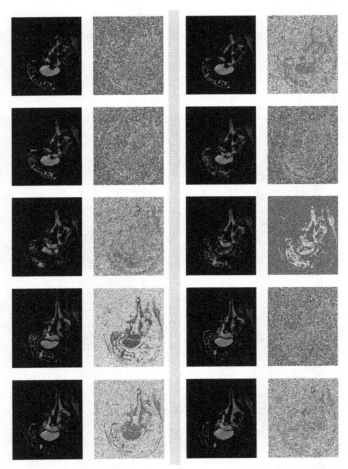

Figure 4.14. Echantillon des résultats de la segmentation par recuit simulé à trois itérations appliqué sur le benchmark 2.

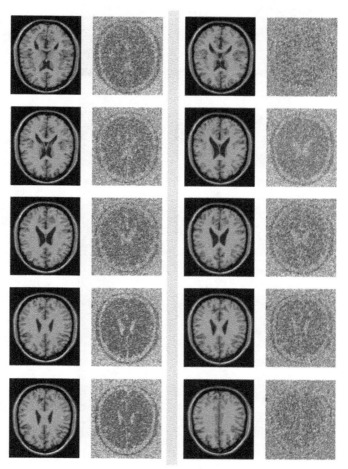

Figure 4.15. Echantillon des résultats de la segmentation par recuit simulé à trois itérations appliqué sur le benchmark 8.

➢ Quelques résultats visuels de la segmentation par l'algorithme ICM

Les figures suivantes montrent les résultats visuels de la segmentation par l'algorithme ICM. Nous faisons varier à chaque fois le nombre d'itération pour certains benchmark cités ci-dessus (cf. tableau 4.6).

73

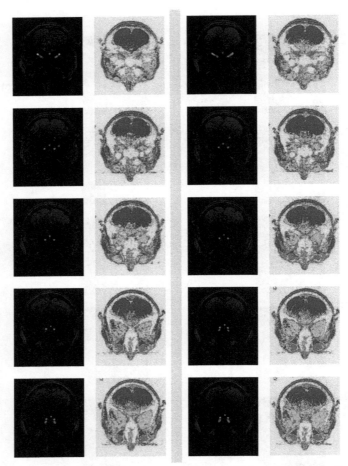

Figure 4.16. Echantillon des résultats de la segmentation par ICM à trois itérations appliqué sur le benchmark 1.

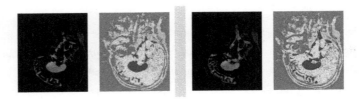

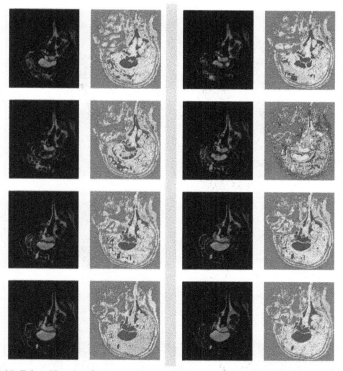

Figure 4.17. Echantillon des résultats de la segmentation par ICM à trois itérations appliqué sur le benchmark 2.

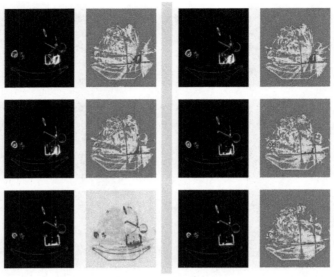

Figure 4.18. Echantillon des résultats de la segmentation par ICM à une seule itération appliqué sur le benchmark 4.

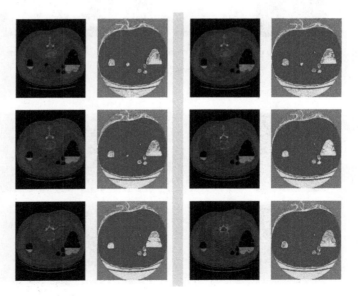

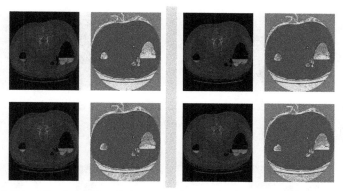

Figure 4.19. Echantillon des résultats de la segmentation par ICM à une seule itération appliqué sur le benchmark 5.

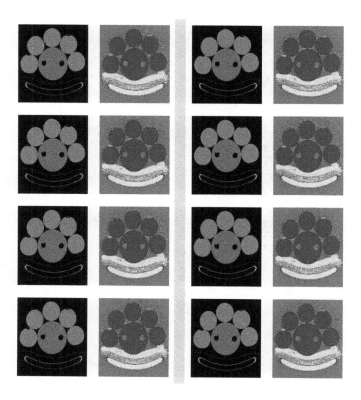

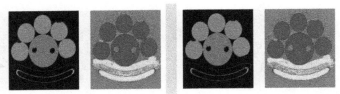

Figure 4.20. Echantillon des résultats de la segmentation par ICM à une seule itération appliqué sur le benchmark 7.

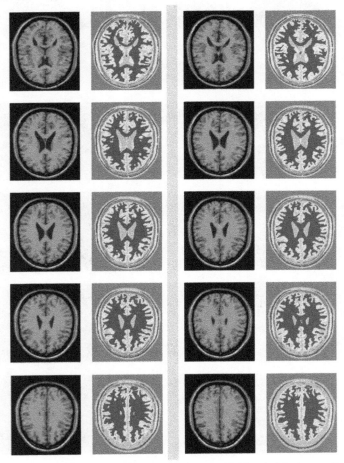

Figure 4.18. Echantillon des résultats de la segmentation par ICM à trois itérations appliqué sur le benchmark 8.

5.4. Temps d'exécution

Dans cette section nous allons présenter les temps d'exécution de la segmentation par les algorithmes étudiées (k-means, HMRF et recuit simulé, HMRF et ICM) des images médicales volumétriques dans les deux cas séquentielle et parallèle.

Le temps d'exécution dans le cas sequentiel est le temps d'execution d'un seul processus sur la meilleure machine dans notre cas la machine désignée sous le nom de master (cf.tableau 4.5).

Le temps d'exécution dans le cas parallèle : c'est le temps d'exécution de plusieurs processus sur un cluster de machines.

➢ Temps d'exécution dans le cas de la segmentation par l'algorithme k-means

Le tableau suivant montre les différents temps d'exécution de la segmentation par l'algorithme k-means. Nous utilisons les benchmarks précités (cf. tableau 4.6).

Numéro de benchmark	Nombre de processus	Nombre d'image	Temps d'exécution(s)	Accélération
1	1	128	46,5128	1,00
1	11	128	9,7076	4,79
2	1	124	38,1409	1,00
2	11	124	6,90591	5,52
3	1	174	83,914	1,00
3	11	174	27,6164	3,04
4	1	373	340,498	1,00
4	11	373	73,5311	4,63
5	1	463	444,994	1,00
5	11	463	91,8426	4,85
6	1	426	379,36	1,00
6	11	426	85,5228	4,44
7	1	442	535,895	1,00
7	11	442	88,732	6,04
8	1	181	28,5762	1,00
8	11	181	5,19333	5,50

Tableau 4.9. Les temps d'exécution de la segmentation par l'algorithme K-means.

D'après ces résultats nous remarquons que la méthode de k-means ne prend pas beaucoup de temps dans le cas séquentielle (cas d'un seul processus) ce qui prouve sa simplicité, et nous remarquons aussi la différence de temps d'exécution remarquable entre le cas séquentielle (cas d'un seul processus) et parallèle (cas de plusieurs processus) qui prouve l'intérêt du parallélisme.

➢ Temps d'exécution dans le cas de la segmentation par l'algorithme de recuit simulé

Le tableau suivant montre les différents temps d'exécution de la segmentation par l'algorithme de recuit simulé. Nous utilisons les benchmarks précités (cf. tableau 4.6).

Numéro de benchmark	Nombre de processus	Nombre d'image	Nombre d'itération	Temps d'exécution(s)	Temps d'exécution(h)	Accélération
1	1	128	3	48019,8	13,33883	1,00
1	11	128	3	5853,28	1,62591	8,20
2	1	124	3	15356,4	4,265666667	1,00
2	11	124	3	2314,17	0,642825	6,64
3	1	174	3	140733	39,0925	1,00
3	11	174	3	21003,7	5,834361111	6,70
4	1	373	3	140676	39,07666667	1,00
4	11	373	3	20969,7	5,824916667	6,71
5	1	463	3	140412	39,00333333	1,00
5	11	463	3	20968,6	5,824611111	6,70
6	1	426	3	141394	39,27611111	1,00
6	11	426	3	21807	6,0575	6,48
7	1	442	3	140768	39,10222222	1,00
7	11	442	3	20975,8	5,826611111	6,71
8	1	181	3	11023,3	3,062027778	1,00
8	11	181	3	1338,73	0,3718694	8,23

Tableau 4.10.   Les temps d'exécution de la segmentation par l'algorithme de recuit simulé.

D'après ces résultats nous remarquons que méthode de recuit prend beaucoup de temps dans le cas séquentielle (cas d'un seul processus). Ceci est dû à la nature même de l'algorithme dans l'exploration de l'espace des solutions. Nous remarquons aussi la différence de temps d'exécution remarquable entre le cas séquentielle (cas d'un seul processus) et parallèle (cas de plusieurs processus) qui prouve également l'intérêt du parallélisme.

➢ Temps d'exécution dans le cas de la segmentation par l'algorithme ICM

Le tableau suivant montre les différents temps d'exécution de la segmentation par l'algorithme ICM. Nous utilisons les benchmarks précités (cf. tableau 4.6).

Numéro de benchmark	Nombre de processus	Nombre d'image	Nombre d'itération	Temps d'exécution(s)	Temps d'exécution(h)	Accélération
1	1	128	3	97963	27,21194	1,00
1	11	128	3	12911	3,58638	7,59
2	1	124	3	32461,5	9,017083333	1,00
2	11	124	3	4858,05	1,349458333	6,68
3	1	174	1	160611	44,61416667	1,00
3	11	174	1	24407,1	6,77975	6,58
4	1	373	1	165746	46,04055556	1,00
4	11	373	1	28345,6	7,873777778	5,85
5	1	463	1	166224	46,17333333	1,00
5	11	463	1	24689,2	6,858111111	6,73
6	1	426	1	162943	45,26194444	1,00
6	11	426	1	24627,6	6,841	6,62
7	1	442	1	164063	45,57305556	1,00
7	11	442	1	24774,6	6,881833333	6,62
8	1	181	3	23259,3	6,460916	1,00
8	11	181	3	2984,24	0,82895	7,79

Tableau 4.11. Les temps d'exécution de la segmentation par l'algorithme ICM.

D'après ces résultats nous remarquons que méthode ICM prend beaucoup de temps par rapport aux algorithmes k-means et recuit simulé, et nous remarquons aussi la différence de temps d'exécution remarquable entre le cas séquentielle (cas d'un seul processus) et parallèle (cas de plusieurs processus). Les facteurs d'accélération (speed-up) sont meilleurs en utilisant les algorithmes de recuit simulé et ICM.

6. Conclusion

Dans ce chapitre, notre but consistait à évaluer la parallélisation des segmentations d'images médicales volumétriques. L'étude avait un double objectif. Le premier objectif était de quantifier les gains obtenus en temps de calcul par l'usage d'un cluster d'ordinateurs et de comparer les différents algorithmes utilisés. Le second objectif était d'évaluer la qualité des segmentations obtenues quand les images vérités terrains (ground truth) étaient disponibles.

Des résultats obtenus, nous constatons qu'une accélération effective a été obtenue pour tous les tests effectués. Les facteurs d'accélération (speed-up) sont un peu biaisés car les ordinateurs utilisés n'ont pas les mêmes performances. Pour le cas séquentiel, nous avons choisi de donner le temps d'exécution sur la meilleure machine pour ne pas gonfler artificiellement le speed-up (cas si on avait choisi la machine la moins performante).

Les algorithmes d'optimisation utilisés consomment beaucoup de temps de calcul et ceci est à leur nature combinatoire. Ce qui justifie d'autant la parallélisation de la tâche de segmentation

81

des images médicales. Pour évaluer la qualité des segmentations obtenues, nous avons utilisé l'encyclopédie très utilisée Brainweb de l'université McGill (Canada). Des images médicales y sont disponibles avec la définition à priori de toutes les classes contenues dans ces images. Ceci nous a permis de calculer les Kappa-Index de tous les tissus identifiés et de quantifier la qualité de la segmentation obtenue. Pour les images issues d'examens réels (où il n'existe pas de vérité terrain) seul l'examen visuel permet d'apprécier la qualité de la segmentation. Les avis des experts médicaux s'avèrent, dans ce cas, indispensable.

Conclusion générale et perspectives

La segmentation des images médicales reste une tâche importante dans le processus de diagnostic après différents examens cliniques. Cette segmentation ne constitue en aucun cas un substitut à l'avis médical autorisé mais constitue une aide à la décision. Les quantités énormes d'images médicales produites chaque jour par les différents examens cliniques entraînent de facto un temps de traitement conséquent. L'idée exploitée dans ce mémoire était d'explorer la parallélisation des traitements sur un cluster "généraliste" peu onéreux d'ordinateurs personnels et de quantifier les gains obtenus. Nous avons travaillé de concert avec des médecins radiologistes ce qui nous a permis d'appréhender certaines notions et jargons.

Dans ce mémoire nous avons donné des aperçus sur différents domaines liées à nos travaux. Nous avons décrit les différentes classifications des architectures parallèles. Nous avons choisi l'architecture à mémoire distribuée (Cluster) pour les avantages intrinsèques qu'elle présente. Nous avons également présenté le standard MPI et ses différentes versions. Nous avons décrit la segmentation des images d'une manière générale. Nous nous sommes intéressés plus particulièrement à l'imagerie médicale et l'utilisation de la modélisation par champs aléatoires de Markov cachés (Hidden Markov Random Fields). Nous avons également utilisé l'algorithme des nuées dynamiques (k-means) pour avoir une idée comparative sur les algorithmes de segmentation. Nous avons utilisé, dans nos tests, les algorithmes d'optimisation très connus que sont le recuit simulé et ICM. Plusieurs points sont à relever. Nous avons constaté que l'algorithme k-means est simple et efficace. Il donne de bons résultats de segmentations pour les classes contenant beaucoup de pixels. Il sert également d'étape d'initialisation pour les autres algorithmes. L'algorithme du recuit simulé converge théoriquement vers le minimum global mais dans la pratique il nécessite un temps très grand pour assurer la convergence. L'algorithme ICM dépend fortement de l'initialisation et prend beaucoup de temps pour son exécution.

En ce qui concerne les gains obtenus par la parallélisation, nous constatons que quelque soit l'algorithme utilisé l'accélération des traitements est notable et importante. Il est à souligner que le cluster d'ordinateurs utilisé est généraliste dans les sens où il n'a pas été acquis dans le but de faire de la segmentation d'images médicales volumétriques. Les facteurs

83

d'accélération obtenus sont un peu biaisés car tous les ordinateurs n'ont pas les mêmes performances. Tous les facteurs d'accélération obtenus seraient améliorés si le cluster était constitué de machines homogènes car dans nos tests, nous avons choisi de donner le temps séquentiel sur la meilleure machine.

Il reste néanmoins beaucoup de pistes à explorer qui étaient au delà de la portée de ce manuscrit. Il y foisonnement d'algorithmes d'optimisation avec une multitude de paramètres à fixer. Une évaluation qualitative tant concernant le temps d'exécution que la qualité de segmentation doit être menée. Nous pensons spécifiquement aux algorithmes Graph-Cuts et Essaims Particulaires.

En ce qui concerne la parallélisation, des tests sur un cluster plus important constitué de 64 machines homogènes (ou plus) devraient être menés. Le but étant d'améliorer les facteurs d'accélération et réduire donc davantage le temps d'exécution et de connaître les limites de la parallélisation. Au-delà d'un certain nombre d'ordinateurs, nous pensons que les gains seraient infimes par rapport à l'investissement d'acquisition de nouvelles machines. Les temps de communication devenant vraisemblablement très importants.

Pour conclure, nous pouvons dire que nous avons posé les jalons sur le chemin qui nous permettra d'atteindre notre Graal.

Bibliographie

[Ait-Aoudia et al. 09]	S. Ait-Aoudia, F. Belhadj, A. Meraihi-Naimi ; "Segmentation of volumetric medical data using Hidden Markov Random Field Model", 5th Internat. Conf. on Signal Image Technology & Internet Based Systems, Marrakech, Maroc, Dec. 2009.
[Amdhal 67]	G.M. Amdahl, "Validity of the single-processor approach to achieving large scale computing capabilities", In AFIPS Conference Proceedings vol. 30 (Atlantic City, N.J., Apr. 18-20). AFIPS Press, Reston, Va., 1967, pp. 483-485.
[Angelini et al. 07]	E.D. Angelini, T. Song, B.D. Mensh, & A.F. Laine, "Brain MRI Segmentation with Multiphase Minimal Partitioning: A Comparative Study", Int. J. Biomed Imaging, volume 2007, 15p.
[Baddou et al. 09]	K. Baddou, M.G. Belkasmi, M. Saber, M. Grari, S. Benbouaza, "Présentation de Message Passing Interface", Ecole Supérieure de Technologie Oujda, Oujda, Maroc, 2009
[Bakery et al. 00]	M. Bakery, R. Buyya, " Parallel Computing at a Glance " ; Division of Computer Science, University of portsmouth, Southsea Hants UK, School of Computer Science and Software Engineering Monash University, Melbourne, Australia, 2000.
[Barney 10]	B. Barney, "Message Passing Interface (MPI)", Lawrence Livermore National Laboratory, CA, USA, 2010.
[Besag 86]	J. Besag, "On the statistical analysis of dirty pictures (with discussion)" Journal of Royal Statist. Soc., ser. B, vol. 48, no. 3, pp. 259–302, 1986.
[Bloch et al. 05]	I. Bloch, Y. Gousseau, H. Maître, D. Matignon, B.P.Popescu, F. Schmitt, M. Sigelle, F. Tupin ; "Le traitement des images" ; - Tome 1 - Polycopie du cours Anim departement TSI , Telecom, Paris, France, Version 5.0, Septembre 2005
[Boukerroui 00]	D. Boukerroui ; "Segmentation Bayesienne d'images par une approche Markovienne multi résolution" ; Thèse de doctorat, Institut National des Sciences Appliquées de Lyon, France, 2000.
[Chergui et al. 09]	J. Chergui, I. Dupays, D. Girou, S. Requena, P. Wautelet ; "Message Passing Interface (MPI-1)" ; Institut du Développement et des Ressources en Informatique Scientifique, CNRS, France Mars 2009.
[Delage 08]	S. Delage-Santacreu ; "Introduction au calcul parallèle avec la bibliothèque MPI (Message Passing Interface)", CRI Rue Jules Ferry, Université de Pau, France, Novembre 2008
[Fontaine 01]	M. Fontaine ; "Segmentation non supervisée d'images couleur par analyse de la connexité des pixels " ; Thèse pour obtenir le grade de docteur de l'université de Lille 1, France, Décembre 2001.
[Geman et al. 84]	S. Geman, D. Geman, "Stochastic Relaxation, Gibbs distribution and the Bayesian restoration of images", IEEE Transactions on PAMI, Vol. 6, No. 6, pp.721-741, 1984

Bibliographie

[Graffigne et al. 95] C. Graffigne, J. Zerubia, "Champs markoviens et segmentation", Chapitre en annexe B de l'ouvrage collectif ``Analyse d'images : filtrage et segmentation", Masson, 1995.

[Grava 03] C. Grava, "Compensation de mouvement par réseaux de neuronaux cellulaires, application en imagerie médicale" ; Thèse de doctorat, Ecole doctorale des Sciences de l'ingénieur, Lyon, France, Décembre 2003.

[Huang et al. 08] A. Huang, R. Abugharbieh, R. Tam, "Image segmentation using an efficient rotationally invariant 3D region-based hidden Markov model", IEEE Computer Vision and Pattern Recognition Workshops, Anchorage, AK, USA, 1-8, June 2008.

[Kato 94] Z. Kato, "Modelisation Markovienne Multi-résolution en vision par Ordinateur, application à la segmentation d'images SPOT", Thèse de doctorat INRIA Sophia Antipolis, Décembre 1994.

[Lakare 00] S. Lakare, "3D Segmentation Techniques for Medical Volumes", Center of Visual Computer, state university of NY, Stony Brooks, USA, 2008.

[Lecoeur et al. 08] J. Lecoeur, C. Barillot ; "Segmentation d'images cérébrales" ; Etat de l'art, Institut National de Recherche en Informatique et en Automatique, France, Version révisée Février 2008.

[Nilo 09] S. Nilo ; " Programmation avec MPI" ; Support de cours, Université du Québec, Ecole de Technologie Supérieure, Département de génie logiciel et des TI, Canada, 2009.

[Pérache et al. 09] M. Pérache, P. Carribault, H. Jourdren. "MPC-MPI: An MPI Implementation Reducing the Overall Memory Consumption", Recent Advances in Parallel Virtual Machine and Message Passing Interface, Lecture Notes in Computer Science, Volume 5759, pp. 94-103, 2009.

[Peyrard 01] N. Peyrard ; "Approximation de type champ moyen des modèles de champ de Markov pour la segmentation de données spatiales" ; Thèse de doctorat de l'université Joseph Fourier, Grenoble, France, 2001.

[Pony et al. 01] O. Pony, X. Descombes, J. Zerubia, "Classification d'images satellitaires hyper spectrales en zone rurale et periurbaine" ; GRETSI'01 : 18e colloque sur le traitement du signal et des images ; Toulouse, France, 10-13 septembre 2001.

[Tupin et al. 08] F. Tupin and M. Sigelle. Markov Random Fields. In Image Processing, Edited by H. Maitre, ISTE Ltd and John Wiley & Sons, Digital Signal and Image Processing Series, 2008.

[Teller 04] F. Teller, "Équilibrage dynamique de charge pour des calculs parallèles sur cluster Linux une évaluation de l'environnement AMPI" ; Thèse de Doctorat, facultés universitaires Notre-Dame de la paix, Namur, Belgique, 2004.

[Zhang 93] J. Zhang, "The mean field theory in EM procedures for blind Markov random field image restoration", IEEE Transactions on image processing, Vol. 02, pp. 27-40, 1993.

www.ingramcontent.com/pod-product-compliance
Lightning Source LLC
LaVergne TN
LVHW042341060326
832902LV00006B/305